外国语言文学前沿研究丛书

高校大学英语新手教师专业认同研究

亓明俊 著

上海交通大学出版社
SHANGHAI JIAO TONG UNIVERSITY PRESS

内容提要

本书基于实证调研,采用混合研究方法探讨高校大学英语新手教师的专业认同。本书针对全国 50 余所地方普通本科高校入职不满三年的大学英语新手教师群体开展量化问卷调研,结合叙事问卷、半结构访谈、实地调研等手段考察其教学和科研活动的现状,在此基础上分析其专业认同的影响因素,进而提出大学英语新手教师专业认同的提升路径,为高校新手教师的专业发展提供参考。本书适合高校外语教学新手教师、管理者以及相关研究者参阅借鉴。

图书在版编目(CIP)数据

高校大学英语新手教师专业认同研究/亓明俊著
. —上海:上海交通大学出版社,2023.9
ISBN 978 - 7 - 313 - 28739 - 7

Ⅰ.①高… Ⅱ.①亓… Ⅲ.①高等学校-英语-教师
-师资培养-研究-中国 Ⅳ.①G645.12

中国国家版本馆 CIP 数据核字(2023)第 131227 号

高校大学英语新手教师专业认同研究
GAOXIAO DAXUE YINGYU XINSHOU JIAOSHI ZHUANYE RENTONG YANJIU

著　　者:亓明俊
出版发行:上海交通大学出版社　　　　　地　　址:上海市番禺路 951 号
邮政编码:200030　　　　　　　　　　电　　话:021 - 64071208
印　　制:江苏凤凰数码印务有限公司　　经　　销:全国新华书店
开　　本:710 mm×1000 mm　1/16
字　　数:230 千字
版　　次:2023 年 9 月第 1 版　　　　　印　　次:2023 年 9 月第 1 次印刷
书　　号:ISBN 978 - 7 - 313 - 28739 - 7
定　　价:89.00 元

前 言
FOREWORD

在全球化的今天,尤其在我国"一带一路"倡议提出后,高校的公共英语教学在提升高等教育质量、培养国际化人才方面的作用更为重要,而大学英语教师队伍的整体素质是影响公共英语教学的关键因素之一。如何提升大学英语教师的归属感、责任感、获得感和专业认同感,从而推动大学英语教师专业发展,提高大学英语教学质量,是需要探讨的重要问题。笔者对相关文献进行梳理后发现,有关教师专业认同的研究从研究内容看,或是针对某一教师群体专业认同的影响因素研究,或是针对不同教师群体专业认同的对比研究,或仅仅考察教师专业认同的某一方面;从研究方法看,有单纯的量化或质性研究,很少有研究从多理论视角,综合使用多种方法研究国内数量庞大的地方本科高校大学英语教师现状,大学英语新手教师的专业认同也鲜有系统的调查和分析,在一定程度上忽略了该教师群体专业学习和专业认同的发展路径研究。

本书参照实践共同体理论、社会文化理论,借鉴反思性实践等概念,尝试构建大学英语教师专业认同的发展路径。教师专业认同是教师学习的过程,是教师在实践共同体提供的各种学习情境中,与专业生活和个人生活中的重要他人进行不断互动和沟通的过程。本书的研究试图回答以下三个问题:① 大学英语新手教师专业认同现状如何? ② 影响大学英语新手教师专业认同的因素有哪些? ③ 大学英语新手教师的专业认同的提升路径有哪些?

本书采用国内地方本科高校大学英语教师的较大规模样本进行理论和

实践的综合探究,通过量化、质性研究相结合的研究方法,深入全国 50 余所地方高校,通过调查问卷、叙事问卷、半结构访谈等方法调查大学英语教师群体,试图在最大程度上走进该教师群体,体察该群体,尤其是新手教师的内心诉求,勾画其专业认同框架,记录他们的专业实践。获得的量化数据用 SPSS19.0 软件进行分析,质性部分通过主题分析的方法进行编码分析。结果表明,大学英语新手教师入职初期自我认同趋于理想状态,教学认同比重高于科研认同,在各种子身份角色转换中经常遇到冲突和压力,面临认同困惑。教师自身的成长背景、专业素养和从业经历是影响教师专业认同建立的个人因素。同时,师长、同行、家人和学生是影响大学英语新手教师专业认同建构的"重要他人",大学英语新手教师在与这些"重要他人"的互动中实现自我发展。地方本科高校提供的教研条件和考评制度为大学英语新手教师专业认同提供了重要环境,成为影响大学英语新手教师专业认同建构重要的外在因素。高校亟须给大学英语新手教师提供参与学习共同体的学习实践机会,使其通过各种中介工具和学习资源,在专业情境和生活情境的学习活动中不断与他人沟通,加强教研学习,提升专业能力,逐步寻找归属感,提升价值感,实现其专业认同的发展。

本书针对国内地方本科高校大学英语教师专业认同的现状,尝试建构大学英语教师专业认同发展路径,为此类学校大学英语新手教师专业认同的提升和专业发展的进步提供参照,为提升外语教师专业素养、促进外语教师发展提供借鉴和启示。

感谢恩师向明友教授和王雪梅教授给予的学术指导,感谢学术团队各位同仁的鼓励和帮助。感谢本研究过程中教师们的参与和支持。

谨以此书献给关爱我和我关爱的人们!

亓明俊

2023 年 6 月

目 录
CONTENTS

 第 1 章
绪　论

本章首先阐述本书的研究背景,其次从理论和现实两个方面论述本书的研究意义,最后分章节介绍本书的内容框架。

1.1 研究背景

"国将兴,必贵师而重傅;贵师而重傅,则法度存。"荀子在《荀子·大略》中强调了教师对于民族兴亡、国家发展的重要作用。2015年教育部颁布的《统筹推进世界一流大学和一流学科建设总体方案》提出,到21世纪中叶,"基本建成高等教育强国",并明确提出要"优化中青年教师成长发展,建设一流师资队伍"。《国家中长期教育改革和发展规划纲要(2010—2020年)》及《教育部教师工作司2017年工作要点》都将青年教师队伍建设列入我国教师发展工作的核心内容之一。2018年1月20日正式印发《中共中央国务院关于全面深化新时代教师队伍建设改革的意见》,这是中华人民共和国成立以来第一个针对教师队伍建设出台的里程碑式的重要文件。2018年2月,教育部发布《教师教育振兴行动计划(2018—2022年)》,指出"在职教师的社会责任感、创新精神和实践能力"要不断增强。习近平总书记2018年5月在北京大学师生座谈会上明确提出"教师队伍素质直接决定着大学办学能力和水平",同年教师节,在全国教育大会上亦强调"坚持把服务中华民族伟大复兴作为教育的重要使命,坚持把教师队伍建设作为基础工作"。党的十九大报告和二十大报告中都明确提出建设教育强国要培养高素质的教师队伍。这些都体现了国家对我国教师队伍建设的高度重视,为广大教师专业发展提供了重要机遇。

百年大计,教育为先;教育大计,教师为先。大学英语教师是高校教师队伍的重要组成部分,其专业发展对于培养国际化外语人才、提高高等教育质量、推动国家经济文化建设意义重大。在国际化、信息化的今天,我国更加重视英语教育。大学英语是英语教学链条上的重要阶段,为国际化人才培养提供重要支撑和保证。作为高校教师队伍的重要组成部分,大学公共英语教师(以下简称"大英教师")主要承担高校非英语专业大学生的英语教学和研究任务。然而,"大学英语的地位缺乏行政建制,学科属性比较模糊"

（蒋玉梅，2011：87）。进入 21 世纪以来，大学英语教学经过了几轮改革。"但无论怎样改，社会和学生似乎对大学英语教学质量的满意度都没有明显提高"（文秋芳，2014：1），这势必影响大学英语教师的专业认同与发展。作为公共基础课教师，大英教师普遍被认为无学科方向，教学工作量繁重，科研能力不足（夏纪梅，2012）。尤其在专用英语和通用英语争论的背景下，大英教师一方面要立足国家和学校的人才培养方案，满足不同学生的英语学习需求；另一方面又要完成繁重的科研任务，导致大学英语教师普遍"身心俱疲"，其"自我身份"（self-identity）和"本体安全"（ontological security）（Giddens，1991：92）受到严重冲击（叶菊艳，2017：7）。同时，信息化背景下知识共享、强大的互联网搜索引擎给学生提供了海量的信息和资料，可及性信息大量增加，在一定程度上弱化了教师和课堂的作用。大部分高校的大英教师群体具有年龄、学历、职称偏低，教学工作量较大，女性教师数量偏多，科研能力较弱等特征。而有一部分大英教师并不满足于现状，他们积极追求上进，不断钻研，努力进取，但是往往苦于没有方向，犹如沙漠孤舟，在发展的道路上亟须同伴和指导。

因此，如何提高大学英语教师的专业认同感，提高大学英语教学质量，促进国际化外语人才培养，是摆在我们面前的重要问题。而这不仅涉及教师个人，还需学校、社会、家庭、学生几方联动。为此，本书采用混合研究方法，通过调查问卷、叙事问卷、半结构访谈等多种途径，深入调查我国地方高校的大英教师群体，以获取丰富的研究数据，探索该群体，尤其是新手教师的内心诉求，记录他们的专业实践，勾画其专业认同框架，为大英教师专业认同提升和专业发展提供参照。

1.2 研究意义

本节从理论和现实两个方面论述本书的研究意义。

1.2.1 理论意义

从教师个体而言，其专业发展的本质是教师学习，是教师通过学习不断建构专业认同、促进自身发展的动态性过程。教师专业认同决定了教师的教学、专业发展及其应对教育改革的方法(Nias，1989)，是促进教师专业发展最重要的内在驱动力(张莲，2016：75)。教师发展的过程实际上是教师不断寻求专业认同的过程(周淑卿，2006)。本书尝试从学习共同体视角探讨大学英语教师专业认同问题，结合社会学、教育学、心理学、管理学等不同学科观点，走进新时代背景下的大英教师群体，解读其关于专业认同的心声，剖析其对实现专业发展的困惑，为其建立专业认同、实现专业发展指明方向。

教师专业认同的建构既是社会的，也是个体的。首先，"共同体"(community)这一概念最早由德国学者斐迪南·滕尼斯(F. Tönnies)在其著作《共同体与社会》(1887)中提出，是谈论人类世界日常现实的一种方式(Jenkins，2002：63-84)，其核心是成员之间的一致性与合作性。学习共同体来源于莱夫和温格(Lave & Wenger，1991)提出的"实践共同体"(Community of Practice，COP)，其核心思想是实践者通过合法的边缘化参与能够逐步从新手变为熟手。通过实践共同体促进专业发展的相关研究主要体现在实践共同体可以为教师提供反思、分享、讨论的机会，能够让教师拥有在安全的环境中公开说话的同僚性(collegiality)体验(Takahashi，2011；Donaghue et al.，2013)。教师专业认同是教师在不断学习的过程中与所处共同体的其他成员不断协商的意义构建过程，是从非核心成员逐步走向核心成员的过程。其次，活动理论被视为研究人类学习活动的哲学框架，强调作为主体的人在个体和社会两个层面从事一定的学习活动(Hewitt，2004：214)。教师专业认同建构的社会性体现在处于学习共同体中的教师(即主体)如何勾连活动系统下的其他六个要素，即群体(共同体)、客体、工具、规则、劳动分工和成果，不断更新知识，提高实践，从而实现专业认同。再次，教师专业认同建构的个体性体现在教师反思上，反思是基于实践中发生的问题进行的系统的、逻辑的、深入的思维活动，是改进实践、不断发展的基本保证。作为探究主体，大学英语教师在教学或研究的不同情境中，当面临问题和障碍时，会基于原有认知和经验，通过与个人及他人的对话剖析问题的不同方面，从而提出不同的假设，再将这些假设在个体或群体的实践中进行检验,从而得出最终结论。这个过程是反思的过程,同时也是探究的过程。在学习共同体中,整合不同的学习要素,不断反思、不断协商是大学英语教师专业发展的必然途径之一。本书基于以上三种理论来探究中国本土实践,通过实证研究进一步探索三种理论在教师专业认同研究中的运用,整理其内核,建构大学英语教师专业认同理论模型。

综上,本书研究具有三个理论意义:首先,建构大学英语教师专业认同理论模型,探索教师学习和教师认同发展的理论基础;其次,运用实践共同体理论阐释大英教师专业认同问题,拓宽学习共同体理论的应用;最后,将社会文化理论用于教师专业认同领域,提高社会文化理论,尤其是活动理论的解释力。

1.2.2　现实意义

高等院校处于一个期望不断变化、需求多元化和深受技术影响的世界里(Newman et al.,2004)。对问题进行有组织的思考,理解并欣赏他人观点的差异,与世界建立开放、适宜、积极、有效的互动的能力是全球胜任力(global competence)的基本要素(OECD,2018)。除终身学习、教书育人的能力外,教师还需具备交流和创新的能力及一定的信息素养,即在全球化、信息化背景下,不断提高自我发展研修的能力(刘清堂、朱珂,2015:194)。教师既要满足市场经济下"服务好顾客"的要求,又要具备传统文化和国家政策指引下教师作为"人类灵魂工程师"应该有的牺牲和奉献精神(叶菊艳,2017:7)。"教师职业认同是当好教师的前提,是教师专业成长的逻辑起点"(洪早清,2013:100),而教师从教后的一至五年是职业认同的关键期(张寿松,2011:35)。探究新手教师的专业认同能够促进新手教师自觉主动地参与课程改革和学术创新,有助于将作为"人"的教师和作为"教师"的人有机统一起来(李茂森,2014),促使新手教师自觉地成为教学及学术共同体的积极成员,实现主体性转变。

我国每年都有相当数量的外语教师加入教师群体之中,入职初期对于他们来说既是职业,也是人生中的重要转折(于兰,2007:32),然而"英语师范毕业生入职后专业发展水平较低"(康艳、程晓堂,2013:58)。就在普通本科高校,尤其是近年新升本科院校工作的大学英语教师而言,他们面临来自国家、社会和学生的多重挑战。一方面,"一带一路"倡议的实施对国际化人才培养提出了更高要求;另一方面,大学生群体的整体素质有所提高,对大学英语教学提出了更高期望。大学英语教师,尤其是普通本科高校的新手教师,由于经验不足,面临科研发展方向不明确、课堂教学操控能力不足、教师知识相对比较匮乏等现实问题(亓明俊、王雪梅,2017:82)。教师认同是新手教师的教学、学习和自我信念,对于教师发展意义重大(Bullough,1997)。教师认同影响其教学实践,进而影响学生的学习(Oprandy,1999;Waller et al.,2017)。大学英语新手教师更容易出现认同危机。追问"我应该是谁"(指派的我)和"我现在是谁"(真实的我)似乎确有必要(唐进,2017)。组建学习共同体有助于大学英语新手教师进行专业学习,是促进大学英语教师专业认同、实现专业发展的重要途径之一。本书通过倾听部分地方本科高校大学英语新手教师的内心和期望,一方面记录大学英语新手教师在多重角色观照下专业认同的认知及实践现状,为大学英语教师的个体成长指明道路;另一方面探究他们作为高校教师的专业认同理想,为国家、高校对这一教师群体的专业发展制定决策提供借鉴,为外语教师教育模式提供参照。

1.3　内容框架

本书共分为 8 个章节。

第 1 章是绪论,共分为三个部分:一是研究背景,阐述从大学英语教学的战略地位到大学英语教师的现状,提出了探究大英教师专业认同问题的紧迫性;二是研究意义——融合了学习共同体、社会文化、反思性实践等理论,为大英教师专业认同发展提供路径;三是本书的结构框架,介绍了本书的主要内容。

第 2 章首先梳理"认同""教师专业认同"等概念,提出了大英教师专业认同及大英新手教师的操作性定义;其次回顾了国外语言教师专业认同和国内大英教师的专业认同研究,提出了本书的研究框架。

第 3 章概述了本书的理论基础与理论框架,回顾了温格(Wenger)的共同体理论、维果茨基(Vygotsky)的社会文化理论和杜威(Dewey)的反思性实践概念,在前人理论基础上提出本书的理论框架。

第 4 章是研究设计,提出了本书的研究问题,介绍了本书的参与者情况以及研究方法,指出本书的操作步骤,呈现调查问卷、叙事问卷和深度访谈的数据收集和基本的结果分析。量化部分主要运用 SPSS 统计软件进行数据分析,得出大英新手教师认同现状的一些量化数据;质性研究部分主要通过对叙事问卷和访谈资料及其他文本的分析,探究大英教师专业认同的现状和诉求。以上数据三角验证,互为补充,保证了本书的信度和效度。

第 5 章是大学英语新手教师专业认同现状,回答本书的第一个研究问题,从专业认同态度和实践两个方面描述大英新手教师的专业认同现状。

第 6 章是大学英语新手教师专业认同影响因素,回答本书的第二个研究问题,从教师自我、重要他人和工作环境三个方面梳理大英新手教师专业认同的影响因素。

第 7 章是大学英语新手教师专业认同提升路径,回答本书的第三个研究问题,基于本书获得的数据和前两章的研究发现,从提升专业能力、加强教研学习和提供发展保障三个方面指出大英新手教师专业认同的提升路径。

第 8 章是结论,指出本书的主要结论、研究局限性和对未来研究的展望。

第 2 章
文献综述

本章首先对认同、专业认同、大学英语教师专业认同、大学英语新手教师等进行概念界定,其次综述国外语言教师认同和国内大英教师专业认同的相关研究,旨在梳理国内外在该领域的研究成果,反映该领域的研究现状,指出目前仍存在的研究空白。

2.1 概念界定

本节对本书的核心概念进行界定,在梳理相关文献的基础上总结"认同"和"教师专业认同"的内涵,并给出本研究中"大学英语教师专业认同"和"大学英语新手教师"的工作定义。

2.1.1 大学英语教师专业认同

identity 一词源于拉丁文中的 idem,原意为"相同"或"同一"。哲学家约翰·洛克 1690 年出版的《人类理解论》中有专门的章节讨论同一性和差异性(identity and diversity)。《新世纪汉英大词典》(惠宇,2004)中,"身份"和"认同"的词条都对应有 identity 一词,但是在《新世纪汉英多功能词典》(张健,2014)中,只有"身份"词条对应了 identity 一词。为便于讨论,本书对"身份"和"认同"不作严格区分,其内涵于下文探讨。

梳理文献发现,认同的概念主要有以下三类(表 2-1):

表 2-1 认同概念的主要观点

分 类	观 点	出 处
静态观	行动者自身的意义来源和个体化建构。	(Giddens, 2016)
	个体对自己和对过去、现在、将来所处的世界的认识与看法。	(Murray & Christison, 2011)
	个人对未来可能性的理解和感知。	(Norton, 2000)
	与他人感知和特征相关的个人的一组独有的特征(a unique set of characteristics)。	(Pennington, 2015)
	个体对所处环境和活动的反思。	(Pennington & Richards, 2016)

续　表

分　类	观　　点	出　　处
动态观	在个体与环境的互动中形成和修正。	(Gleason，1983)
	一个不断变化的个人构念(personal myth)，个人与社会联合创造的某种东西。	(McAdams，1993)
	个体对参与的活动进行阐释的一种动态构造(ever-changing configuration)。	(Geijsel & Meijers，2005)
	人与人之间互动的结果。	(Norton，2010)
	历史性(historicality)、空间性(spatiality)和社会性(sociality)三者共同作用的结果。	(Harnett，2010)
	一个异质性(idiosyncratic)、个体化(unique)的过程。	(Beijaard，2019)
	把"主我"(I)与"客我"(me)的会话引入个体行动的一个过程，而非实体。	(Mead，2018)
辩证观	既是一种由自我表征和自我调节组成的诠释经验的概念结构(conceptual structure)，又是一种调节资源的过程。	(Berzonsky，2004)
	在认同这个独特的现代项目中，个人可以反身性地(reflexively)建构自己的叙事。	(Jenkins，2008)
	既是个人对未来可能性的理解和感知，又是人与人之间互动的结果。	(Norton，2000；2010)

一是静态观，主要是指从个人角度出发对自我、世界的理解和认知。自我身份认同具有跨时空的连续性，它是个人对其经历进行反身性(reflexivity)理解而形成的自我概念，是行动者自身的意义来源和个体化建构(Giddens，2016)。认同是个体对自己和对过去、现在、将来所处世界的认识与看法(Murray & Christison，2011：5)，是与他人感知和特征相关的个人的一组独有的特征(a unique set of characteristics)(Pennington，2015：16)，是个体对所处环境和活动的反思(Pennington & Richards，2016：2)。

二是动态观，主要强调个人与社会的互动。认同与自我(self)相关，它并非与生俱来,而是在社会经验与活动的过程中逐步产生并发展的,是把"主我"(I)与"客我"(me)的会话引入个体行动的一个过程(Mead,2018)。认同在某种程度上位于个人的深层心理结构(psychic structure)中,是通过个体与周围社会环境(social milieu)的相互作用而形成和改变的(Gleason,1983:918),是个人与社会联合创造的某种东西(McAdams,1993:95)。自我不是一个完全独立的身份,是与他人相互依赖的(Somekh & Thaler,1997:277)。认同形成于青春期末期和成年期初期并延伸到中年及以后,是一个不断变化的个人构念(personal myth)(McAdams,1993:232)。认同从来不是最终的(final)或者确定的(settled)东西(Jenkins,2008:17),而是在某种程度上位于个体的深层心理结构中,形成并修正于个体与环境的互动中(Gleason,1983:918)。认同是个体对参与的活动进行阐释的一种动态构造(ever-changing configuration)(Geijsel & Meijers,2005)。自我只存在于与某些对话者的关系中(Taylor,2001:50)。个人身份认同的构建是历史性(historicality)、空间性(spatiality)和社会性(sociality)三者共同作用的结果(Harnett,2010),是一种结构化的构建(叶菊艳,2017:36),是指"在一定的目标下,通过个人自我塑造和完善,从而实现个人、组织和社会相统一的思想和行为方式"(刘辉,2013:1)。周淑卿(2006:80)指出,认同是指自我在与社会的互动中辨识并确认自己同属于某个群体或异于他人的过程,是通过社会情境的磋商及自我评估过程建构而来的,会随着社会情境的变化而变化。贝贾德(Beijaard,2019:3)明确指出,教师专业认同的学习和构建是一个复杂的动态过程,并且在很大程度上是一个异质性(idiosyncratic)、个体化(unique)的过程。

三是辩证观,既看到认同是一种心理状态,又强调这种心理状态受社会情境的影响。认同被视为由自我表征和自我调节组成的概念结构(conceptual structure)(Berzonsky,2004:304),既是一种诠释经验的结构,又是一种调节资源的过程。自我认同是一个独特的现代项目(Jenkins,2008:34),在这个项目中,个人可以反身性地(reflexively)建构一个自己的叙事,就像掌控自己的生活和未来那样了解自己。认同是个人对自己与不同时空下世界的关系的看法,是个人对未来可能性的理解和感知(Norton,

2000：5)。同时,认同是在一定社会、政治和经济背景下人与人之间互动的结果(Norton,2010)。专业认同的发展是一个阐释由个人、社会、认知因素影响的个人价值和经验的持续、动态的过程(Flores & Day,2006：220)。

综上可知,认同是个人在一定环境下与群体的互动中逐步构建起来的个人对自我的感知与态度,是一个动态发展的过程。就认同的内涵而言,既有学者从心理学视角出发强调其个体性特征,认为认同是指人们个体化的自我印象(self-image),也有学者更倾向认同的社会性、情境性和动态性。本书认为,自我认同是作为个体的人在参与社会实践中逐步形成的对自我及社会的整体感知,兼具个体性和动态性特征(亓明俊、王雪梅,2017：80)。

教师专业认同的内涵与认同的概念一致,既有静态观,认为教师的专业身份认同是教师对于自己作为专业人员身份的辨识与确认(周淑卿,2006)、理解与态度(洪早清,2013)或认知与情感(宋萑、张文霄,2012)。例如,文灵玲(2015：34)指出,认同是教师在自身成长经历基础上,将外界对教师的期望内化而形成的对自身作为教师所应具备的知识、能力、素质和职责的认识以及因此而获得的自我价值和自我意义的看法。也有学者持动态观(Beijaard et al.,2004;Olsen,2012;Johnson et al.,2014;童成寿,2016;叶菊艳,2017),认为教师认同是一个在职业生活中不断获得价值感和意义感的终身学习的过程。例如,贝贾德等(Beijaard et al.,2004：113)指出,教师专业认同是教师作为人和作为专业人员有机结合的持续的过程,是教师探究做一名教师在不同时空下意义的自我理解过程(Johnson et al.,2014：540)。郭芳(2017：34)指出,认同在与他者的内在联系中构建,教师认同则是在与学生通过教师建构的自身认同产生互惠的过程中不断建构起来的。蔡辰梅(2016：19)把教师的自我认同看作"作为教师的个体自我的经验和反思,是个体教师在职业生活中的独立性、立体性和意义感的追求和确认过程"。作为后现代社会主体,教师个人有多重身份,建构专业身份认同的过程也正是作为人的"我"(personal self)与专业的"我"(professional self)交织互动的历程(周淑卿,2006：87)。个体教师身份的形成或获得是其努力遵守自己想归属的某个群体的行动规则,以获得认可和归属感的过程,是在实践和行动中逐步构建起来的(叶菊艳,2017：39)。

也有学者对教师认同有更加全面的辩证观的认识,认为教师专业认同在共时的角度是指教师对自己身份的认知和态度,具有一定的稳定性;从历时的角度又强调认同的发展变化,具有可塑性,受到一系列内、外部因素的影响。例如,童成寿(2016:148)认为,教师专业认同是指教师个人或群体在教育教学专业实践过程中逐步形成的对自己身为教师的理解与看法,是教师对"我是谁""我该怎么做""我为什么要这么做"的认知、思考和看法,并将这些认知、思考渗透内化到日常专业实践中的过程。教师专业认同是指教师对自己身为教师所具有意义的整体看法,是进行教师专业实践的核心,其形成、维持与改变是一个终身学习的历程(翟艳、张英梅,2013:26)。寻阳和郑新民(2014)综合前人对外语教师身份的定义,把教师身份归纳为三类:工具说、建构说、角色说。

通过以上文献梳理,笔者认同辩证观和建构说,即认同的建构具有过程性、社会性、实践性的特点。本书对教师认同、教师职业认同、教师专业认同及教师专业身份认同不作区分,指教师在教学及学术实践中逐步形成的对个人作为教师及个人与他人在专业生活中关系的整体理解和认知。大学英语教师专业认同是个多维的概念,在静态上是指大学英语教师作为专业人员所具备的特性,包含专业认知(目标认同)、专业实践(实践认同)和专业理想(情感认同)三个维度;在动态上是指大学英语教师在与他人互动和个体反思的实践过程中逐步寻找归属感和提升价值感的过程(亓明俊、王雪梅,2017:80)。

2.1.2　大学英语新手教师

根据工作年限,新手教师(novice teacher)指实习教师或入职第一年的教师(Lunenburg & Ornstein,2013:548),或指入职不足三年(Farrell,2012;Kyndt et al.,2016;Spencer et al.,2017;Harmsen et al.,2018)或五年(吴一安,2008;Canrinus et al.,2012;唐进,2015)的教师。根据教师生涯周期论,新教师是指处于第一年"现实休克"和专业发展困惑中的生存期(Katz,1972)或职业进入期(Huberman,1995)的教师。根据入职前的职业经历,新教师分为真正的新教师、转换学校的有经验的新教师、成熟的新教师和复岗新教师四类(黄广芳,2016:40)。

根据新手教师的工作特点,德雷福斯和德雷福斯(Dreyfus & Dreyfus, 1986)认为,新手教师不具备灵活性,只能按照所学的原则和程序详细地描述他们的所做所见,不能作出解释。处于学徒期的新手教师在入职初期经历从学生到教师的转变,在入职的前几年会面临各种困难(Calderhead & Shorrock, 2005:8),往往感到困惑、焦虑和自我怀疑(Tharp & Gallimore 1988:250),经历现实冲击(reality shock)(Veenman,1984),即入职前教师培训的理想与入职后日常教学生活现实之间的冲突。处于此过渡期的教师往往有以下几种表现:对困难的感知,行为、态度甚至性格的转变,离开教师职业(Müller-Fohrb et al.,1978,转引自 Veenman,1984)。福勒和布朗(Fuller & Brown,1975)把入职后的教师发展分为早期生存关注阶段(survival concerns)、教学情境关注阶段(teaching situation concerns)和关注学生阶段(pupil concerns)。

结合以上观点,笔者认为,大学英语新手教师的早期职业发展处于生存关注阶段,是新手教师适应新角色,争取学生、同事及其他相关人员认可的一个时期。根据前期调查,近几年内地普通本科高校的大学英语新手教师数量不多。为在一定程度上保证本结果的可靠性,本书将研究对象界定为入职不满六年,此前并无高校教师从业经历,负责非英语专业学生大学英语相关课程教学的高校教师。为便于讨论,在问卷数据分析时将此部分大学英语教师又进一步分为入职 0～3 年和 4～6 年的大英新手教师群体。

2.2　教师专业认同研究

本小节综述"教师专业认同"国内外相关研究,总结该领域的研究概貌和总体特点。

2.2.1　国外教师专业认同研究

梳理国外文献发现,有关教师专业认同的研究主要有以下三方面:
第一,影响因素研究。近年来不同学者采用量化或质性研究方法,研究了教师专业认同的影响因素,发现教师个人因素(家庭背景、教育经历等)和社会因素(学生情况、课堂教学、学校改革等)对专业认同的塑成和发展具有较大影响。例如,有学者发现教师认同受到同事(Cohen,2010)、职前教师的入学动机(Löfström et al.,2010)和课堂教学(Kanno & Stuart,2011)的影响较大。又如,范梅南(van Manen,1994)剖析了教师的自我认同与教学生活的关系,指出自我认同来自与学生互动、自我反思后的自我知识(self-knowledge)。塞缪尔和斯蒂芬斯(Samuel & Stephens,2000)用个案的方法记录了南非两位新手英语教师的认同历程,发现家庭背景和教育经历对教师认同有很大影响。鲁(Lu,2005)用叙事研究的方法对包括研究者本人在内的四位东亚裔非本族语的美国 K-12 英语教师进行调查,分析了文化语言背景和人际关系对教师专业认同形成的影响。弗洛雷斯和戴(Flores & Day,2006)对葡萄牙初任教师进行了个体成长的历时性分析和跨个案的横向比较分析,发现职前教师的专业身份是在教学情境(课堂教学、学校文化、领导等)和个体的经历(求学经历、师范教育、教育实习等)之间的相互作用中产生。崔和邓(Choi & Tang,2009)用生活史方法探究了中国香港地区教师职业忠诚度的自我评价,发现教师忠诚受到个人、工作场所和教育体制多方面的影响。学者们的研究方法和研究对象各异,或用叙事的方法根据高校英语教师的科研经历(Long & Huang,2017),探究其科研认同构建的不同影响路径;或从行动研究角度(Yuan & Burns,2017)探讨中国的中学英语教师在大学科研人员帮助下,在教学、科研和合作三个方面发生的改变,通过参与实践和意义协商实现了专业认同的提升;或针对参加美国某高校研究生课程班的英语教师(Steadman et al.,2018),探究他们在英语、教学及教学法的观点对其教学身份构建的影响。总之,教师具备理论与实践的结合对教师专业认同的发展至关重要(Waller et al.,2017),教师专业认同发展受到体制的(institutional)、人际的(interpersonal)和个人的(personal)三种因素的影响(Ye & Zhao,2019)。

第二,现状研究。该部分研究主要探讨教师专业认同的状态,发现不同教师、不同阶段中的专业认同差异和变化。例如,贝贾德等(Beijaard et al.,2000)针对 80 位中学工作经历四年以上的各科目熟手教师开展问卷调查,发现该群体教师与之前新手教师时期(纵向)以及该群体教师不同科目教师之间(横向)的专业认同有很大不同。皮伦等(Pillen et al.,2013)通过问卷调查了新手教师的专业认同危机(professional identity tensions),并提出了应对措施。有学者针对日本高校开展调查,如通过生活史访谈探究女性外语教师如何在社会文化资本不均衡的状态下抗击压迫并构建她们的身份认同(Simon-Maeda,2004),或通过访谈等手段调查日本高校英语教师的价值和认同困惑(Hsu,2009)。多位学者从不同视角、采用不同方法探究教师专业认同的过程性和复杂性。例如,克兰迪宁等(Clandinin et al.,2009)从叙事视角探寻教师知识、学校场景和教师专业认同的关系。叙事研究的方法也被用于记录中国大学英语教师在多角色关照下的认同建构(Tsui,2007)。另外一项纵向研究调查了新西兰一位职前英语教师在近九年后进行的教学实践中协商构建的认同,并与她在之前教师教育中的想象身份进行比较,用故事分析的叙事方法记录了该教师在不同时空关照下的认同建构的过程(Barkhuizen,2016)。徐(Xu,2012)则从社会心理学视角分析了四名中国新入职的中学英语教师的专业认同变化,剖析入职后参与实践共同体所带来的从想象认同(imagined identity)到实践认同(practice identity)的转变。隐喻(metaphor)也被用作一种手段调研了加拿大部分入职一年的新手教师对自己作为教师的专业认知现状(Thomas & Beauchamp,2011)。

第三,内涵及特点研究。此类研究主要是剖析教师专业认同的内涵和构成以及各个因素之间的内在关系和特点。例如,贝贾德等(Beijaard et al.,2004)剖析了专业认同的四个本质特点,即动态性、次认同性、自主性和个体环境性。斯格本斯等(Schepens et al.,2009)用回归分析方法,通过自我效能感(self-efficacy)、专业忠诚(commitment)和专业导向(professional orientation)三个变量考察了比利时一教师培训项目中新手教师的专业认同。阿克曼和梅杰(Akkerman & Meijer,2011)指出,教师认同具有多面性和同一性(multiplicity and unity)、动态性和连续性(discontinuity and continuity)、社会性和个体性(social and individual)三个特点。坎里努斯等(Canrinus et al.,2012)通过结构方程模型,以一千余名荷兰中学教师为样本,探究了教师认同的不同变量,即职业效能感、满意度、动机和忠诚之间的内在关系,发现不同变量之间相互影响,不同职业阶段教师的专业认同没有显著差异。韩(Han, 2016)用叙事研究的方法调查了韩国五名中学英语教师在英语教育政策背景下不同专业认同角色在构成专业认同的三要素,即认知、情感和行为三个方面的表现,剖析了不同要素之间的关系。加纳和卡普兰(Garner & Kaplan, 2019)从社会文化理论着手,建构了教师角色认同动态系统模型(DSMRI),认为教师专业认同由四个要素构成,即自我认知(self-perceptions)、本体论和认识论信念(ontological and epistemological beliefs)、目的和目标(purpose and goals)和可感知的行动可能性(perceived action possibilities),教师在以上四个方面专业学习的过程就是专业认同形成的过程。费莱(Fairley, 2020)指出,应把以能动性为特征的教师认同发展纳入教师教育体系。

通过梳理国外相关文献发现,已有研究或是针对某一教师群体专业认同的影响因素研究,或是从对比的视角看不同教师群体专业认同的异同,或是单纯的量化或质性研究,很少有从不同理论视角出发,综合使用多种研究方法,采用国内本科高校的较大规模样本开展的理论和实践相结合的研究。

2.2.2　国内教师专业认同研究

梳理国内文献发现以往关于教师专业认同的研究或是量表编制研究(秦奕、刘剑眉,2011;魏淑华等,2013;寻阳等,2014;苏大鹏,2016),或是概念及构成研究(马红宇等,2013;焦瑞超等,2015),或是相关影响因素研究(郝彩虹,2010;李茂森,2014;龚少英等,2016),或是其他英语教师群体研究,如免费师范生(钱小芳等,2010;魏彩红等,2013;孙晓慧、罗少茜,2017)、中小学英语教师(温军超,2012;寻阳,2012;叶晓雅,2017;李志坤,2018;徐斌,2018)、外籍教师(高强,2016)、少数民族英语教师(石卉、杨翠娥,2017)等。

具体到高校外语教师群体,从研究内容看,有现状研究和认同建构研究。现状研究主要是部分学者(刘雨,2014;童成寿,2014;唐进,2015)通过问卷调查了高校外语教师/大学英语教师身份认同现状,分析其特点和存在的问题,并提出一定的建议。杨春红(2017)以高校海归教师中的初任英语教师为研究对象,从专业认同视角探讨其专业生活现状。也有学者主要研究外语教师如何建构专业认同,例如,许燕(2013)从学校和教师两个方面提出了外语教师消除自我认同危机的路径。王瑛宇和袁妮娅(2017)以职业QQ群聊天话语为语料,在意义亲和视角下探究大学英语教师如何在生活、教务及科研三大意义模块通过话语手段建构身份。张培蓓(2018)聚焦工科高校英语教师群体,用调查问卷和访谈的方法探究工科类高校非英语专业大学英语教师的专业认同危机和应对举措。梅勇和申云化(2018)用质性的方法跟踪了三位海外进修的大学英语青年教师,发现其学术认同在情感、知识和实践方面均有不同程度的积极变化。许悦婷和陶坚(2020)探究了高校外语教师在线上教学背景下如何构建其专业身份认同。卢军坪和张莲(2021)采用个案研究法,从活动理论视角探究大学英语教师在身份转型过程中面临的主要矛盾及其应对方式。就研究方法而言,除量化和访谈方法(张培蓓,2018;许悦婷、陶坚,2020 等)外,叙事方法探究外语教师认同的研究较为突出。例如,刘熠(2011)以实践共同体作为理论框架,采用建构主义叙述视角探究了六名大学公共英语教师职业认同的建构过程。胡毅丽(2015)用叙事研究的方法探究大学英语教师,研究表明立足课堂研究是大学英语教师实现教学和科研同步发展的最佳途径。综述研究方面,刘熠(2012)针对叙事视角下的外语教师职业认同研究进行了全面综述,张莲(2016)评述了外/二语教师专业身份认同叙事研究的相关概念、理论和存在的问题,并就相关研究提出了建议。

聚焦大学英语新手教师,以下研究值得关注。耿菲(2014)的研究证明了新手英语教师身份建构过程和其课堂教学变化之间的相关性。唐进(2017)分析了四位大学英语新手教师入职第一年的反思日记,考察了他们所经历的专业认同发展路径。亓明俊和王雪梅(2017)从学习共同体视角构建了大学英语新手教师专业认同模型,并从目标认同、实践认同和情感认同三个层面对大学英语新手教师的专业认同建构提出了建议。以上分析发现相关研究或出于某个单一的理论视角,或是综述研究,或仅仅考察教师专业认同的某一方面,未能从多理论视角将数量庞大的地方本科高校大英教师进行较全面的描写和分析,新手教师的专业认同也鲜有系统的调查和分析,在一定程度上忽略了该教师群体专业学习和专业认同的发展路径研究。

2.3　新手教师研究

对新手教师研究,我们使用"new teacher""novice teacher""beginning teacher""early career teacher""新手教师""新入职教师""青年教师"等关键词搜索国内外相关文献。回顾国外文献发现有关新手教师的研究主要有以下两方面:

第一,现状研究,主要表现在新手教师入职初期面临的困难和专业认同现状。例如,温曼(Veenman,1984)早在 1984 年就指出了新手教师入职初期遇到的困难,并提出了 reality shock(现实冲击或现实休克)的概念。撒普和加利莫尔(Tharp & Gallimore,1988)从最近发展区视角出发,通过案例分析探讨新手教师如何向专家教师寻求帮助,促进专业发展。麦克纳利等(McNally et al.,2009)分析了新手教师的专业认同是如何在与学校空间的磋商中构建的。徐(Tsui,2007)和林(Lim,2011)的研究都表明教学经历对教师专业认同的构建具有较大影响。波查普和托马斯(Beauchamp & Thomas,2011)指出,新手教师在参与构建专业学习共同体中面临诸多困难。古尔利(Gourlay,2011)指出,新手讲师(novice lecturer)会感到困惑(confusion)、不真实(inauthenticity)和孤独(isolation),在学术研究方面缺乏共同体的归属感。约翰逊等(Johnson et al.,2014)从韧性理论(resilience theory)出发,在政策与实践、教师工作、学校文化、人际关系和教师认同五个方面分析了 60 名入职一年的澳大利亚新手教师的专业发展现状。针对新手教师在入职初期面临的挑战,英特拉托(Intrator,2006)和法雷尔(Farrell,2012)作了分析与综述,并就新手教师如何顺利过渡提出了相关建议。

第二,专业发展研究,主要集中于专业发展需求、自我效能感和新手教师流失现象研究。例如,斯宾塞等(Spencer et al.,2017)通过对 275 名英国新教师的问卷分析,调查了新教师的专业发展需求,发现新教师面临工作、时间和心理压力时,主要从学校、同事及网络寻求帮助和支持。布兰南和布莱施泰(Brannan & Bleistein, 2012)调查了新手教师对受到的社会支持(主要包括指导教师、同事和家庭三个方面)的感知和自我效能感,发现新手教师认为指导教师和同事提供的支持最大,但量化统计显示只有家庭支持与自我效能感之间呈现显著相关。玛丽亚(Maria, 2013)采用叙事的方法,通过对比两名参加工作仅一年的新手语言教师,发现专业认同对于教学效能感具有积极作用。而新手教师的专业认同也会影响工作状态,甚至导致离职(Hong, 2010)。哈姆森等(Harmsen et al., 2018)以143名中学新手教师为研究对象,用量化研究方法探讨了新手教师的压力水平和教学行为以及离职之间的关系。谢弗和克兰迪宁(Schaefer & Clandinin, 2018)综述了关于新手教师的两项研究,指出新手教师的个人知识景观(personal knowledge landscapes)塑造并影响入职初期的专业生活,并导致某些新手教师的流失(attrition)。

梳理国内文献发现有关新手英语教师的研究主要有以下几个方面:

第一,师范实习生研究。例如,张释元等(2015)的调查表明,专业实习的情景能够激发实习生对自我先在经验的反思与重构,有助于其建构教师身份。何声钟(2017),张小君、张莎和田彩霞(2018)对英语师范生的身份认同进行了调查分析。余思家、王坚和朱晓玲(2018)探究了江西高校英语师范生职业认同、自我效能和社会支持的现状及其内在关系。第二,新手教师与专家型教师的对比研究。例如,吴书芳(2011)从教师自主入手,对比了大学英语新手教师和熟手教师在教师自主教学行为、摆脱外部控制和职业发展三个维度上的差异,并提出了发展建议。于丽娟(2015)分析了新手教师不同类别课堂反馈的特点,与专家型教师进行了对比,指出了新手教师的欠缺和发展方向。第三,新手教师课堂教学研究。例如,司治国等(2012)跟踪并收集了四位中学英语新手教师近30节课堂实录,通过观察其课堂教学行为剖析英语新手教师课堂教学行为的特点和存在的问题,提出了高等院校与中小学合作培养职前英语教师的五点策略。耿菲(2014)的个案跟踪调查发现大学英语新手教师的身份建构过程和其课堂教学的变化过程紧密联系并相互影响。谢佩纭和邹为诚(2015)采用叙事手法对第一作者的个人教学经历展开质的分析,发现重复性教学是师范生学习如何上课的重要方法。第四,专业发展现状研究。例如,于兰(2007)探讨了高校初任英语教师在教学实践中的问题。黄广芳(2016)从现象学的视角探究了我国英语教师的职初教学生活。文秋芳和张虹(2017)对任教英语专业和大学英语的青年教师进行了深度访谈,分析了青年教师需求的复杂性,但并未涉及专业认同的问题。

通过以上文献梳理发现,已有针对新手教师的研究突出了该群体教师目前面临的困难,但从多理论视角出发、采用多种研究方法的教师专业认同研究不多,对高校一线青年外语教师研究总体较少(文秋芳、张虹,2017)。文灵玲(2015)在研究展望中也指出,新入职教师等焦点群体教师值得探究。因此,本书拟聚焦地方本科高校的大英教师,试图发现该大英教师群体,尤其是新入职大英教师的专业生活和认同的现状,为其专业发展提供借鉴。

2.4 概念框架

教师从专业学习中获取的专业知识和技能是形成并外显专业认同的重要手段(Burn,2007)。笔者认为,教师学习是教师专业发展的必然途径,不断提高专业认同是教师专业发展的必然结果。教师在入职前几年往往孤军奋战、疲惫不堪(Russell,1993:148)。然而,个人的发展路径(developmental trajectory)很少不受社会际遇(social encounters)的影响,这种影响会导致个体内心世界和外部世界的冲突(Litowitz,1993)。笔者参照前人研究结果初步构建了本书的概念框架(见图2-1)。

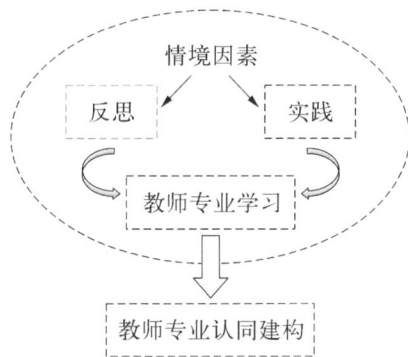

图2-1 大学英语新手教师专业认同构建概念框架

该框架反映本研究的核心思想,即大学英语新手教师的专业认同建构是通过专业学习实现的。专业学习是在一定社会情境因素下,通过参与各种学习实践,在与他人的对话中不断调节冲突、反思自我的过程。在专业学习中,教师不断深化对自我的认识,塑造个人的社会身份,提高专业认同。

2.5 小结

本章针对教师专业认同和新手教师进行了文献梳理,初步构建了本书的概念框架。文献综述发现,国内大学英语新手教师专业认同的系统性实证研究并不多见,从多个理论视角出发的探讨更是少之又少。基于此,本书拟从社会学和心理学视角出发,结合共同体、活动系统、反思性实践等概念,针对我国普通高校的大学英语新手教师开展调查,探讨地方本科高校大学英语新手教师的专业生活特点,试图勾画大学英语新手教师专业认同的提升路径,为大学英语教师的专业发展提供借鉴。

3

第 3 章
理论基础与理论框架

教师专业认同的构建和发展既是个人的,又是群体的。首先,教师专业认同的实现是通过学习(以共同体形式进行的学习对教师专业发展影响尤为明显);其次,教师学习应善于发挥各种影响要素的积极作用,在自我深度学习的过程中为其他共同体成员搭建学习"脚手架",不断走进并突破"最近发展区",以解决教学和学术实践活动中的问题为抓手,以"合法的边缘性参与"为途径,不断反思,深化认识,逐步实现促进专业认同和专业发展的目标,从而实现个人发展和提高教学质量的终极理想。本章主要梳理本书的三个理论基础,并提出本书的理论框架。

3.1 实践共同体理论

本节首先梳理"共同体""实践共同体""学习共同体"等概念,在此基础上给出"教师专业学习共同体"的工作定义,并阐述实践共同体与教师专业认同的关系。

3.1.1 实践共同体概念

共同体。马克思(2012:135)指出,人是一切社会关系的总和。世界被认为是在一定逻辑关系指引下将经验不断客体化的系统,同时具有人际关系与回应的有机体特征,是一个富有创造性和同情的共同体(郭芳,2017:219)。共同体概念(community)最早由德国学者斐迪南·滕尼斯(Ferdinand Tönnies, 1887)提出。他延续了历史主义传统,认为共同体是以家庭为原型,建立在血缘、地缘和友谊等纽带基础上,依靠默认一致与和睦团结的一种生活状态(李荣山,2015:229)。可见,成员之间的一致性(solidarity)与合作性是共同体的核心。犹如亲情、友谊、种族和信仰,"共同体"并不只是每个个体的总和,它是谈论人类世界集体日常现实的一种方式(Jenkins, 2002:63-84),体现基本的人类需求(Doyal & Gough, 1991; Ignatieff, 1984)。格林尼(Greene, 1995:39)强调共同体的主体间性特征,指出在共同体中人们通过发现彼此认可、欣赏的共同之处找到生成主体间意义的方式。

实践共同体。"实践共同体"(communities of practice)的概念由莱夫和温格(Lave & Wenger, 1991)首次提出,其核心理念是合法的边缘化参与(legitimate peripheral participation)。刘熠(2011:27)将实践共同体定义为"由一些具有共同目标或兴趣的个体组成的团体",指出个体为追求此目标或兴趣,在持续不断地参与该共同体的实践活动中互动地体验并建构其认同。实践共同体的核心思想是认为新手只有通过不断参加实践共同体的活动,才能逐步从边缘走向中心,从而获得成长。该理论强调共同体的成员通过边缘参与(peripheral trajectories)、向内发展(inbound trajectories)、局内人(insider trajectories)、边界参与(boundary trajectories)和向外发展(outbound trajectories)五种路径(trajectory)(Wenger, 1998:154;顾佩娅,2017:308)不断参与实践,获得专业成长。

学习共同体。学习者是实践共同体中学习实践的参与者(Rogoff, 1990)。学习不是一个孤立的过程。在此过程中学习者逐步掌握学习活动的目标和实现这些目标的手段与方法(Lave & Wenger, 1991)。作为实践共同体的一种类型,"学习共同体"这一概念由厄内斯特·博耶尔(Ernest Boyer)首次提出。他指出:"学习共同体是朝着共同愿景努力的人所组成的组织。"(廖旭梅,2017:91)米歇尔和萨克尼(Mitchell & Sackney, 2011:150)指出,学习共同体中,学习处于所有活动的中心,所有成员具有决策的机会和责任,是成员进行反思、探究、对话、分享从而满足学习的愿望,并不断改善实践的地方。又有学者提出"专业学习共同体""新型学习共同体"等概念,前者是由支持非正式学习的人际关系和相关资源组成的系统(Trust, 2012:133),后者则"具有民主、平等的特征,以知识构建和意义协商为内涵"(张炜等,2017:1)。基于此,笔者认为,学习共同体的目标是发展,路径是学习,核心是合作,灵魂是对话,是共同体成员通过合作和对话促进知识构建、谋求共同发展的学习型组织(亓明俊、王雪梅,2017:71)。

教师专业学习共同体。在很多研究中,实践共同体用于专业发展已经被证实有效,主要是通过它提供反思、分享和讨论的给养(affordances),以及为成员带来同僚性的感觉和能够在安全的环境中公开交谈的机会(Takahashi, 2011;Donaghue et al., 2013)。教师始终是在与他人的"共在"

中成长的(陈文强,2016：224)。撒普和加利莫尔(Tharp & Gallimore, 1988：268)指出,教师必须致力于终生学习(lifelong learning)。"教师成为学习社区中的一员"是美国专业教学标准委员会(NBPTS)编制的《教师专业教学标准》中优秀教师标准的五条核心原则之一(谢倩,2013：117)。需摒弃旧式的培训,寻求自律性与创造性的教师研修,这是促进每一个教师成长,形成教师学习共同体所必备的(钟启泉,2013：23)。可见,教师专业发展离不开参与式的教师学习。

鉴于近年来二语教师发展研究的社会文化转向,即"教师作为社会文化共同体中的参与者而不断学习与发展"(Johnson,2006),本书把温格的共同体理论作为理论框架之一。顾佩娅(2017：308)将教师学习共同体定义为"一个在学校内部为了提高科研素质、摆脱专业发展困境而形成的教师协作学习实践群体"。学习共同体是指针对教学和学习中的问题采取积极的、反思的、协作的、以学习为导向、以成长为目标的方式进行应对的群体(Mitchell & Sackney,2011：12)。以解决问题为导向(problem-solving orientation)是学习共同体的原则之一(Mitchell & Sackney,2007：34)。学习共同体的核心特征是意义的构建(Mitchell & Sackney,2011：10)。教育应该以参与者感兴趣的对话形式进行(Wells,2010：xxi)。在对话中参与者通过语言(包括书面语和口语)这个中介不断沟通与协商,构建意义,更新知识,促进学习。笔者认为,自愿参与、信息共享、互信互动、反思学习是学习共同体概念中的共性特点(亓明俊、王雪梅,2018：13)。教师专业学习共同体为教师搭建参与实践、互相沟通、不断反思、逐步学习、实现成长的平台。对教师,尤其是新手教师而言,专业生活场景中充满教学、学术等各种挑战和困难,亟须各种形式的教师学习共同体建立共同的价值、理解和行动,从而提供交流成长的机会。基于文献梳理和研究需要,本书将教师专业学习共同体定义为"教师与专家或同行组成的学习型组织,旨在提高教学、学术实践水平,促进专业认同和专业发展"(亓明俊、王雪梅,2017：71)。

3.1.2　实践共同体与教师专业认同

要成为一个自我实现的人,必须成为一个共同体的成员(Mead,2018：

184）。共同体是集体认同（collective identification）的重要来源之一（Jenkins，2008：133）。个人与集体认同既是他人"外部"（external）认同的互动产物，也是"内部"（internal）自我认同的互动产物（Jenkins，2008：200），共同体为这种互动提供了可能与便利。只有在信任圈的安全气氛中，教师才能发现自身的真实认同（郭芳，2017：244），这种信任圈是建构学习共同体的要素之一。温格（Wenger，1998：153）的共同体将实践与意义连为一体，认为认同来自实践和参与，这种参与需要与其他成员的沟通，从而实现意义的磋商和认同的提升。沟通不只是诠释的过程，也是社会统合和个人社会化的过程（Habermas，1981：139）。教师通过沟通能够逐渐提高个人认同，增进共同体的一体感（周淑卿，2006：128），从而强化集体认同，推动整体专业发展。

个体（selfhood）是复杂的、多面的，是在一系列情形下与一系列他人共同利用一系列资源实现个体认同化（self-identification）的过程（Jenkins，2008：71）。在我们的自我与他人的自我之间不可能划出严格的界限，只有当他人的自我存在并进入我们的经验时，我们的自我才能存在并进入我们的经验（Mead，2018：185）。当自我与他者合为一体的时候，就是共同体融合、自我升华的时刻。新手教师的成长需要来自导师、同事和家人的共同支持，因此，新手教师应学习建立社会支持网络（a social support network），培养良好的导师及同事关系，从而在与他人的沟通学习中逐步提高教学质量，增强教学效能感（Brannan & Bleistein，2012）。从某种意义上说，这种社会支持网络就是一个广义上的学习共同体，能够帮助新手教师逐步建立人际信任感，增加公开对话学习的机会，为专业成长营造一个积极向上的氛围和场景。相对于学习型组织（learning organization）（Fullan，1995）而言，学习共同体关注人的体验（human experience）（Day & Gu，2010：146；Mitchell & Sackney，2011：8）。在学习共同体中，成员之间可以互相提供支持和帮助，走进最近发展区。事实上，提供帮助的成员不一定资历很深（Tharp & Gallimore，1988：216），每个人都可以为集体性活动共同目标的实现贡献力量，新手教师的表现也可以为熟手教师提供启发。学习共同体成员往往通过使用真实的（real）、象征性的（symbolic）工具发挥能动的主体作用，共同参与某些既定的(routine)、即兴的(improvised)活动,协商实现共同的目标(Graves,2008:167)。当一个团队为提高教学质量而共同努力时,理想的状态也就出现了:学校成为一个为所有人学习而存在的场所(Tharp & Gallimore,1988:216),整个学校变成一个大的学习共同体。

　　总之,认同的建构"是个人能动者在各个不同层次的共同体的实践中通过认同与协商两个过程得以实现的"(刘熠,2011:25)。当实践共同体以教师专业学习共同体的形式存在时,能够为教师专业认同提供一个场域和平台。从某种意义上说,教师专业学习共同体就是教师学习的一个可靠的"脚手架",教师通过参与(participation)和物化(reification)发挥彼此包含、相互依附的互动作用(Wenger,1998;刘熠,2011)。教师在实践中进行意义的协商,将理论与实践相结合,为实现自我认同和集体认同搭建桥梁。因为个人与社会是互相建构的关系,学习者的转变往往意味着其作为成员所在的共同体及共同体成员共同参与的活动的转变(Wells,2010:331)。因此,教师专业学习共同体的教师个人认同的改变势必影响共同体的集体认同。教师专业认同的构建和发展也有助于教师专业学习共同体的建构和维护,二者构成互相促进的良性循环关系。亓明俊和王雪梅(2017)构建的大学英语新手教师专业认同模型反映了实践共同体与教师专业认同的关系(见图 3-1)。

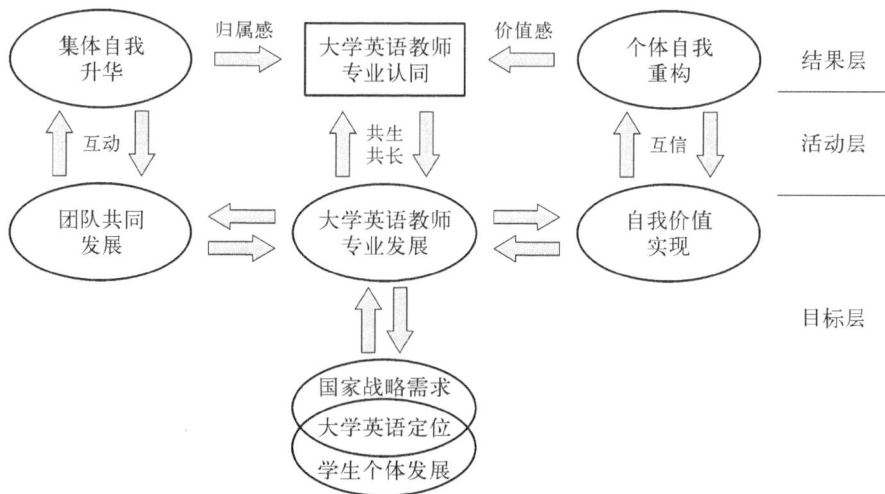

图 3-1　实践共同体与教师专业认同的关系

3.2　社会文化理论

本节首先梳理"活动理论"和"最近发展区"的定义和内涵,在此基础上阐述它们与教师专业认同的关系。

3.2.1　活动理论概览

活动理论,即文化历史活动理论(Cultural Historical Activity Theory, CHAT),源于维果茨基的社会学习理论,经历了从强调中介(mediation)的作用到重视个人与共同体的互动(interrelations)再到凸显不同活动体系之间的交互(interacting)三代变迁(Engeström,2001)。活动理论有七个要素,分别是主体、群体(共同体)、客体、工具、规则、劳动分工和成果(见图3-2)。在该活动系统中,主体、客体和工具是上半部分活动的核心内容,主体通过工具对客体产生作用,同时这种作用机制又是在下半部分的社会文化框架内遵循一定的规则,通过不同的劳动分工,在群体,即共同体的作用下,为了达到某种成果而进行的(亓明俊、王雪梅,2018)。在活动系统支持下的环境中,作为主体的成员发出不同声音,践行不同传统,系统各要素互相碰撞磋商,促使个体诉求不断升华(Engeström,2001)。活动理论的三角模型是个动态机制,其客体始终是不断变化的(Bakhurst,2009)。恩格斯

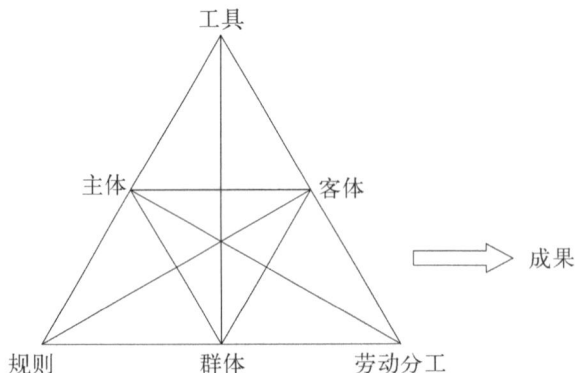

图3-2　活动理论构成要素(Engeström, 2001: 135)

特(Engeström，2001)对文化历史活动理论的原则作了总结：① 一个活动系统是一个基本的分析单元；② 活动系统具有多元声音性，是由具有多种观点、传统和兴趣的参与者构成的共同体；③ 活动系统的形成和演变具有一定历史性；④ 变化和发展来源于活动系统内部和活动系统之间的冲突(contradiction)；⑤ 活动系统具有扩展性变革(expansive transformation)的可能性，即活动的对象(object)和目的(motive)在成员的协商互动中发生了概念性重构(reconceptualized)。

　　活动(activity)是作为主体(subject)的人和其所在的共同体之间的复杂关系(complex interrelations)(Engeström，2001：134)。其特点之一是它是由一定社会文化背景下人类发挥能动性创造的工具进行调节的。文化中介用于指导或调节人与人之间或人与物质世界之间的活动，由概念工具和物质工具构成(Leont'ev，1981b)。威尔斯(Wells，2010)指出，作为社会文化理论的重要概念，中介既可以指物质工具(如教材、计算机)和符号工具(如语言、音乐)，同时也涵盖一切能够促进学习者在最近发展区内发展的任何同伴和工具。对教师学习而言，同伴既可以是同事、学生，也可以是家人、朋友等一切能够影响其学习和发展的他人。列昂节夫(Leont'ev，1981a)认为，威尔斯之洞见在于认识到基于人类经验之上所经历的心理互动过程，此过程经由符号编码工具外显于人类言语，尤其是外在言说(external speech)(Wells，2010：19)。语言作为最重要的中介工具(张凤娟、杨鲁新，2016：244)，能够帮助参与者协调活动，明确活动目标，沟通活动原则，明晰活动分工等。笔者认为，教师专业学习共同体就是一个活动系统，教师作为学习共同体中的活动主体，根据一定的活动规则，利用各种活动资源和工具，按照不同的教学、科研和行政等分工，从事一些实践活动，最终实现一定的成果。可见，活动理论可以为教师学习和教师认同提供强大的解释力。

　　作为社会文化理论的核心概念之一，最近发展区(Zone of Proximal Development)是维果茨基在教育领域最重要的遗产(Wells，2010：313)，最早出现于其 1935 年的遗作《儿童心理发展与学习过程》(*Mental Development of Children During Education*，也有学者译为 *Mental Development of*

Children and the Process of Learning）。维果茨基将最近发展区定义为实际的发展水平与潜在的发展水平之间的差距,前者由儿童独立解决问题的能力而定,后者则是指在成人的指导下或是与能力较强的同伴（more capable peers）合作时儿童解决问题的能力（Vygotsky, 1978：86）,即儿童在有无帮助和指导时的差异区域。也有学者将最近发展区定义为学习发生的区域,在该区域发生知识转移,即学习,该过程也被称为内化（internalization）（Litowitz, 1993：185）,或将最近发展区喻指为“学习者使用和内化中介工具的空间”（张凤娟、杨鲁新,2016：245）。

在最近发展区中,他人的帮助和支持也被称为搭建支架（scaffolding）。此概念于 20 世纪 50 年代由布鲁纳（Bruner）提出,意指教师在学生学习中应该承担的理想角色,是“帮助学习者在最近发展区内减轻完成任务所需的认知负荷,实现认知发展的重要心理工具”（张凤娟、杨鲁新,2016：245）。在学习活动中,新手需要专家熟手提供支架才能进行学习（Wells, 2010：323）。这些专家熟手往往是指“重要他人”（the significant other）,如指导老师、家长、同伴等。而在教师学习中,重要他人往往是同事、家人、学生等。指导教师甚至同事、学生作为推动者（facilitator）,通过口头（verbal）和书面（written）两种语言工具建立支架,为教师成长起到推动作用。基于维果茨基的社会文化理论,威尔斯（Wells, 2010）又提出“在对话中学习”的理论,认为学生通过对话和交流不断提高对新知识的理解力和感悟力,才能实现学习。犹如他们的学生,教师也有其最近发展区,其发展也需要支持性行动（assisted performance）（Tharp & Gallimore, 1988：190）。

撒普和加利莫尔（ibid.：250）指出,专家教师在推动新手教师的最近发展区发展时往往经历从他人帮助到自我帮助再到内化和循环的四个阶段。第一阶段,专家他人（more capable others）的帮助。专家教师往往运用多种手段（means）把任务分解为主要目标（goals）和附属目标（sub-goals）,在互动协商中逐步增加新手教师的责任份额,帮助其完善认知结构,推动新模式、新策略的内化。第二阶段,自我帮助。由外在手段（external means）帮助开始转变为由个人推进和指导,由环境（和他人）调节转变为自我调节。自我言说（self-talk）是自我调节的最常见形式,具体可以表现为自我指导

(self-instruction)、自我赞扬(self-praise)、自我批评(self-scolding)和自我提问(self-questioning)(ibid.：253)。他者的声音被个体吸收,转变为个体声音,并逐步内化为思考。第三阶段,内化和自发性(automaticity)。在此阶段,自我调节的声音消弭,教师的技能被内化,不再需要他者调节和自我调节,其自信心、舒适感和愉悦感指数最高。维果茨基用石化(fossilization)来描述这种相对稳定的状态。第四阶段,去自动化(de-automatization)和循环(recursion)。个体在任何阶段都反映出他者调节、自我调节和自动化的一种混合,是自我帮助和他者帮助的一个不断再现的循环体,这种去自动化和循环反复出现,构成了发展过程的第四个阶段。

从以上四个阶段的分析可见,共同体成员的对话为教师提供学习和成长的支架,促成学习的发生和知识的累积。对于成年人而言,系统的思考是以对话的模式出现的(Tharp & Gallimore,1988：44),教师通过对话实现言语协助(verbal assistance),这种言语协助通常分为指导(instructing)、提问(questioning)和认知建构(cognitive structuring)三种(ibid.：57)。最近发展区中的学习不仅发生在两两之间的面对面互动中,而且发生在合作实践共同体中的所有参与者之间(Wells,2010：330)。然而,由于教师工作的隔离性(social isolation)和创新改变的时间成本以及它所带来的焦虑和不确定性,教师尤其需要与同行、指导教师和行政人员共建支持性互动(Tharp & Gallimore,1988：191)。达成理解应该是所有教育活动(educational activity)的目标(Wells,2010：85)。笔者认为,对话学习理论对教师学习同样具有解释力,教师只有在和共同体其他成员的交流沟通中才能实现知识的更新,提高专业认同,促进专业成长。学校应统一目标,协调工作机制,运用多种支持性行动(assisted performance)手段帮助教师减少焦虑,不断学习,达到最近发展区的高层水平(Johnson,2009),获得持续发展。

3.2.2 活动理论与教师专业认同

社会文化理论和活动理论为丰富、复杂的教师活动提供了一个多层面的研究方法(a multifaceted research approach)(Burden,1990：325)。奥苏纳(Osuna，2003)的研究亦证实活动理论对于教师专业发展活动具有强大的解释力。威尔斯(Wells，2010：327)曾指出，最近发展区是认同建构的区域，个人在一个或多个他人的帮助下参与解决实践中出现的问题时会发生多种转变(transformation)。第一，个人会更有能力有效地应对未来实践中的相关问题，即他/她的认同会发生转变；第二，当问题需要新的解决方案时，新的工具和行为的发明或已有工具和行为的改善将会改变工具包；第三，解决问题的行动会带来活动程序的改变；第四，一个或多个成员参与方式的改变会带来群体的社会组织和成员关系的改变。本书认为，活动作为一种桥梁连接自我和他人、自我与社会，是教师构建专业认同的必经之路。

最近发展区中的学习涉及学习者的各个方面——行为、思想和感受，它不仅改变参与的可能性，还改变学习者的认同、技能和知识(Wells，2010)。教师具有能动性，能够在他们的最近发展区里通过反思性实践构建他们对于教学艺术的理解，同时获得他人的指导和帮助(Tharp ＆ Gallimore，1988)。最近发展区内部既有冲突，也有一致性，它带来的转变会改变甚至重塑现有的行为方式和价值理念(Wells，2010：333)，从而带来教师专业认同的转变。鉴于此，参与者之间互动的情感因素非常关键，即当参与者表现出尊重、信任和关心的时候，学习往往最为成功(ibid.)。为帮助教师加深知识的内化和认同的建构，共同体应从成员个体和组织角度为大学英语教师创造一个舒适、温暖的学习氛围，帮助他们走进共同体的实践活动，在参与实践中不断加强成员之间的沟通，实现意义的磋商和认同的构建。

撒普和加利莫尔(Tharp ＆ Gallimore，1988：45)指出，提供模仿示范(modeling)，应变管理，如物质和精神奖励(contingency management)与反馈(feedback)是帮助学习者突破最近发展区的主要机制。班杜拉(Bandura，1977：42)指出，提供示范是一个建立抽象的或规则制约的(rule-governed)行为非常有效的手段。就大学英语教师而言，共同体的成员，尤其是处于核心地位承担领导角色的成员，应为普通教师的成长创造良好的组织制度和工作机制，为共同体的学习活动制定可行性方案和可操作性反馈机制,积极提高教师,尤其是新手教师的工作积极性和投入度,为整个大学英语教学、科研团队不断注入活力。知识存在于具有一定情景性和文化性的活动中(Brown et al., 1989)。共同体通过对话为教师突破最近发展区建立支架,教师在学习活动系统中充分发挥能动性,遵循一定的活动规范和角色分工,取得一定的学习成果,在不断内化知识的过程中加强反思,深化个人专业认同,在与共同体成员对话协商的过程中突破最近发展区,实现集体认同的升华。基于以上分析,笔者初步构建了活动理论与教师专业认同的关系图(见图 3－3)。

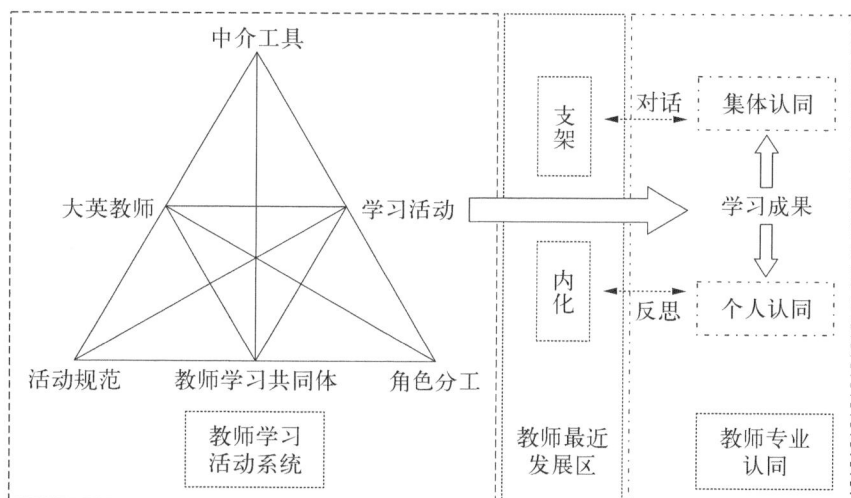

图 3－3　活动理论与教师专业认同的关系

3.3　反思性实践

本节围绕反思性实践梳理"反思探究论"和"情景学习说"的内涵,在此基础上阐述反思性实践与教师专业认同的关系。

3.3.1　反思性实践综述

批判性反思(critical reflection)是成年人学习的重要特征,专业人员必须不断反思,这是西方教育界的共识(Ball, 2000；Cochran-Smith & Lytle,

1999；Schön，1983；Locke，2014）。反思探究论由约翰·杜威（1993）提出，认为反思起源于直接经验的情境，能够带来有目的的探究和问题的解决。学者对反思的概念有诸多界定，例如，反思是创造并确认经验对个体（个体于自我和个体于世界）的意义的过程（Boyd & Fales，1983：101），是从实践中学习的过程（Russell，1993：149）。鲍德等（Boud et al.，1985：18）指出，反思是学习者对经验作出的反应（response），是情感和认知相互关联和相互作用的一个复杂过程。卢卡斯（Lucas，1991）认为，反思是为提高实践、加深理解而对自身实践进行的系统审视（systematic enquiry）。

反思性探究对于教师学习具有重要意义。反思性学习以自我为学习来源，是个体的（individual）、自比的（ipsative）过程（Boyd & Fales，1983：102）。作为一种动态、多维的社会活动（Noffke & Brennan，1988），反思是教师学习和教师发展的关键（Shulman & Shulman，2004：264），是教师应对环境变化，提高专业实践的有效手段（Schön，1983）。反思能够使概念具体化（crystallizing conceptual notions），从而为其转变实践奠定切实的基础（Richards & Lockhart，1994）。斯黛菲（Steffy，2000）指出，在教师生涯的各个阶段，反思—更新是促进教师成长的动力机制，这是由教师、管理者、教师教育者、研究者共同合作才能实现的愿景。共同体的每个成员（教师、管理者以及学生）都应该参与反思—更新—成长的过程（Steffy et al.，2012：13）。拉塞尔（Russell，1993：147）指出，反思如果不能在本质上涉及教学实践和教学理念的改变就没有意义。华莱士（Wallace，1991）的核心观点是反思能够将实践概念化，教师专业发展是实践、反思、再实践、再反思的循环往复的过程。笔者认为，对教师而言，反思是指针对专业生活场景中出现的教学或科研问题，对头脑中已有的先验知识进行不断地修正并完善的过程，是一种知识交锋的过程。教师作为专业学习共同体的重要成员，必须通过不断反思才能实现专业成长，强化专业认同。

杜威（1993）认为，反思性实践是指对信念或实践进行的积极、持久、认真考虑的行为。他提出的虚心（open-mindedness）、负责（responsibility）和专心(wholeheartedness/single-mindedness)的态度是教师进行反思性实践的前提。其中,虚心是指教师在教育实践中能够积极地听取多方建议,关注不同的可能性,并且识别可能的错误或冲突;负责是指仔细审视并愿意接受某一行为可能带来的后果,如某教学行为可能给学生带来的影响;专心是指一心一意的态度。虚心和负责应成为反思型教师生活的重要组成部分,即教师要积极掌控教育行为(Grant & Zeichner,1984:5)。反思可以帮助教师从冲动和常规的活动中解放出来,当教师在教学实践中遇到问题,反思可以帮助教师通过更新实践解决问题(杜威,1993:17)。杜威关于反思的观点为理解教师反思对教师学习的重要性提供了历史和概念基础(a historical and conceptual foundation)(Zeichner & Liston,1996)。

很多学者对反思进行了概念化的分类,如舍恩(Schön,1988)把反思分为行动中反思(reflection-in-action)和行动后反思(reflection-on-action),其中行动中反思是指专业人员为应对实践中的困惑而重构实践问题(reframe practical problems)。尽管舒尔曼(Shulman,1988)从学校知识和技术理性视角出发对此二分法表示怀疑,认为二分法过于单一,教师操作起来也容易被误导,还是应该把技术与理性、理论与实践、一般与个别结合起来(Knowles,1993:85)。格里菲斯和坦恩(Griffiths & Tann,1992)基于舍恩的二分法又进一步将反思分为五级水平,即行动中反思的两个即时反应(rapid reaction)、行动修复(repair)、行动后反思的回顾(review)、研究(research)和理论化重构(retheorising and reformulating)。更多的学者对反思进行了三分法,认为反思具有三级水平,具体见表3-1。

表3-1　反思的三级水平分类

van Manen(1977)	Biermannn, Mintz & McCullough(1988)	McIntyre(1993)
1. 为实现一定目标而进行的教育知识和课程原则的技术应用	技术生产型反思,知识和技能的传授,注重教学结果而不是过程	技术性反思(教学实践中的概念理论化)

van Manen(1977)	Biermannn, Mintz & McCullough(1988)	McIntyre(1993)
2. 为指导实际行动而进行的分析和设想	分析决策型反思,分析各种可能性,作出合理、一致的教学决策	操作性反思(自我教学评价,教学实践改善)
3. 针对反思本身进行的价值审视	解放成长型反思,用道德和价值标准衡量教育决策,通过反思和实验消解信念、价值和行为的不一致	批判性反思(反观教学理念等上层建筑对教学实践的映射,这点对新手教师尤其重要)

还有学者指出,反思具有阶段性特征,如杜威(1993)指出,个体的反思一般有三个步骤:确认问题(problem definition),即对问题的感知和诊断;方法和目标分析(means/ends analysis),即对事实的推理和分析;普遍化(generalization)。杜威(2004)还指出,反省思维一般经过暗示、理智化、假设、推理和用行动检验假设五个阶段,这五个阶段是反省思维不可缺少的几个特质,其顺序并不是固定的。伯伊德和法尔斯(Boyd & Fales,1983:106)认为,反思有以下六个阶段:内心不适(inner discomfort)、明确问题(identification or clarification of the concern)、接收信息(openness to new information)、疑惑解决(resolution)、建立一致性(establish continuity)、决策与行动(decide whether to act on the outcome of the reflective process)。对教师而言,反思往往始于某个具体的教学或科研困惑,问题概念化后,通过语言形式表征,经学习共同体成员的磋商形成意义的构建和知识的内化,反过来指导进一步的实践。该过程没有明确的起点和终点,是个循环往复的过程。反思具有双重性质,它既可以指教师要学习的目标,也可以指为实现其他目标而采取的手段(McIntyre,1993:43)。因此,对大学英语新手教师而言,反思既是手段也是目标。

杜威对于学习持经验情境说,认为人是在一定情境下的参与和体验中学习成长的。他指出,经验的客观条件和内在条件相互作用构成情境(situation)。思维的目的和结果是由产生思维的情境决定的,反思性思维的功能是把经验含糊的、可疑的、矛盾的、某种失调的情境转变为清楚的、有条理的、安定的以及和谐的情境(杜威,2004)。威尔斯(Wells,2010:84)指出,经验(experience)是在一定文化情境下个体对多种实践共同体的参与和情感体验,不是发生在一个人身上的事情,而是在参与构成生活路径(life trajectory)的一系列事件中逐步构建(construed)的意义。在教师发展领域,教育、生活、经验一体化,教师的经验来自学习经验、教学经验和科研经验,在以上三种经验的学习中教师形成自我,获得成长。在学习和成长的过程中,一旦教师对于外部支持(external assistance)的需求减少,自我帮助(self-assistance)就开始出现。例如,教师观看个人教学录像为自我帮助提供场景,为教师提供聚精会神、深刻反思的机会(Tharp & Gallimore,1988:202)。通过前文(详见 3.2.1 小节)提到的帮助教师最近发展区成长的四个阶段也可发现,从寻求外部支持走向内部自助的同时,教师反思逐渐加强。

威尔斯(Wells,2010:121)提出了探究共同体(communities of inquiry)的概念,认为探究不是一种方法(如发现式学习),也不是设定好的实施活动的一套程序,而是对经验和观点的态度(stance)——愿意怀疑、提问,并和其他人一起合作寻求答案,从而实现理解。反思是探究共同体的重要特征,强调意义的建构和建构过程中涉及的工具和行为(ibid.:124)。在探究共同体或支持共同体(communities of support)中,每个成员作为共同探索者(co-explorer)从个人视角贡献才智,通过互动促进集体探究,实现社会、个人、智力和道德的价值(Oja et al.,1992)。撒普和加利莫尔(Tharp & Gallimore,1988:72)提出活动场景(activity settings)的概念,指协作性互动(collaborative interaction)、主体间性(intersubjectivity)、支持性活动(assisted performance)发生的情境(context)。活动场景的概念既包含个体的认知和运动行为(即活动),也包括场景中外在的和环境的客观特征(即场景)。反思性实践的推进需要一个支持性的环境(a supportive environment)(Zeichner & Liston,1987)。要建立最近发展区,必须有一个集体性活动(joint activity)才能创建互动的情境(Tharp & Gallimore,1988:71)。

帮助学习者突破最近发展区的支持性活动必须存在于生产性任务 (productive tasks)场景和伴随这些任务的对话之中(Tharp & Gallimore, 1988;Wells,2010)。因此,要为大学英语教师提供恰当的教学和科研实践场域,如举办教学座谈会、科研项目申报交流会、学术论文发表讲座等,为他们提供与专家、同行交流的平台和机会,从而让他们能够敞开心扉,吐露心声,在这个过程中找到归属感,提升集体认同感。

3.3.2　反思性实践与教师专业认同

从建构主义视角出发,反思性实践是促进集体学习的一个重要策略 (Mitchell & Sackney,2011：64)。学习包含以下五个阶段(Gal'Peri, 1970)：构建行动的初步概念(a preliminary conception);采取具体的行动步骤;讨论行动和可能的影响(potential implications);内化常规做法和行动可能的影响;通过把概念融合于实践加深理解。梅兹罗(Mezirow,2000)的转化学习理论(Transformative Learning Theory)认为,成年人的学习是在问题情境下产生反思,并基于问题的思考继而采取行动的循环过程。反思是基于经验的学习(experience-based learning)的核心(Pearson & Smith,1985：83)。笔者认为,教师实施学习行动必须在一定情境下进行,教师反思的过程实质上就是知识内化的过程,也是教师专业认同不断提升的过程。撒普和加利莫尔(Tharp & Gallimore,1988：89)指出,在集体性活动中,通过语言实现的信号和符号,对于活动目标和活动意义的共识,对认知策略和解决问题的共同参与,是每个参与者互动的具体表现。大学英语新手教师的专业认同建构是具有连续性和交互性的教师经验作用的结果,教师必须在专业学习共同体的氛围和情境中不断地学习。只有在有利的学习情境下,大学英语教师才能明确学习行动的目标和问题,深化对学习内容的理解,积极参与学习行动,并对行动的结果作出客观评价,以此反观学习目标,从而发展成长为反思性实践者(reflective practitioner),提升专业认同。基于以上分析,笔者初步构建了反思性实践与教师专业认同的关系图(见图3-4)。

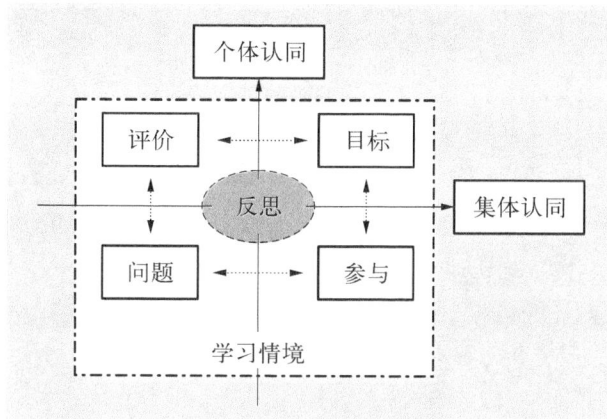

图 3－4　反思性实践与教师专业认同的关系

3.4　理论框架

教师专业认同主要依靠教师学习实现,而学习不是一个孤立的过程,是学习者个体在学习活动中实现意义的有机过程(Mitchell ＆ Sackney,2011:43),是教师在实践共同体提供的学习情境中不断参与学习活动实践不可或缺的一部分,教师通过参与建构性的"经验的连续体"(experiential continuum)的学习实现。在此过程中,教师作为学习者逐步掌握这些学习活动的目标和实现这些目标的手段与方法(Lave ＆ Wenger,1991)。大学英语教师整合课程、资源、学生、学校等学习活动要素,遵循一定的规范和分工,以个人和他人的教学或科研活动为载体,以语言和其他符号作为中介工具,通过个人不断的反思探究和同行间的互动协商,在合法的边缘性参与中合理应对各种挑战和冲突,不断促进知识更新,提高专业实践和专业认同。基于前面提出的初步概念框架(见图 2－1),笔者从实践共同体、活动理论和反思性实践观的理论视角出发建构了大学英语新手教师专业认同的发展路径,即本书的理论框架(见图 3－5)。

本书基于教师专业发展阶段性的立场,认为大学英语新手教师的专业发展既有普遍性,也有特殊性。大学英语新手教师具有新入职教师的一般

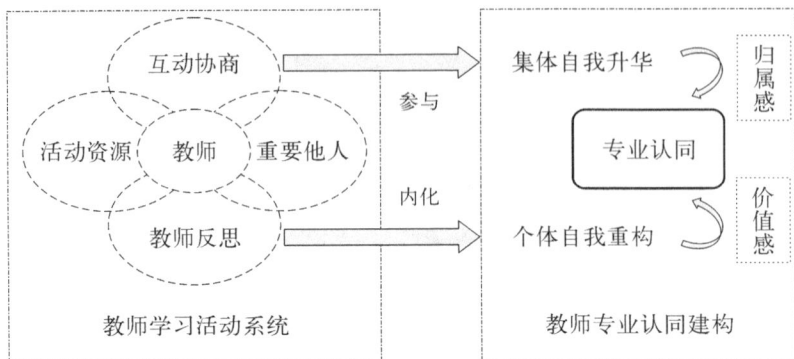

图 3 - 5　理论框架

特点,如入职初期的新鲜感和逐步产生的困惑感,同时英语的世界通用语地位给大学英语课程提出了更高要求,而地方高校对大学英语课程的定位不清晰导致大学英语教师面临转型甚至失业的尴尬处境。新手教师由于没有相关经验和指导,更容易出现专业认同困惑。亚当斯(Adams,2017:163)指出,学习是我们从真实身份(actual identity)走向期望状态下的指定身份(designated identity)的手段。本书亦强调专业学习是建构专业认同,实现专业发展的必然路径。本书引入学习共同体概念,强调大学英语新手教师通过合法的边缘化参与以及专业生活中与重要他人的互动协商,通过参与学习活动和个人反思,能够逐步从新手教师变为熟手教师或专家型教师。孙钦美和郑新民(2015:89)则认为,教师学习共同体是由教师、学生、校内外及国内外同行以求知共进为愿景构成的个性化学习网络(personal learning network),其目标是丰富知识,提高技能,升华专业情感。可见,教师学习共同体首先要有共同的目标,其次共同体成员通过各种对话和协商实现互帮互助,从而逐步实现建构知识、提高技能的目标,"实现教师向自主的专业学习者和实践者转变"(刘清堂、朱珂,2015:195)。

笔者认为,有效的教师专业学习共同体是教师在不断参与学习实践的过程中通过个人反思实现的。"杜威把探索过程当作知和行、认识和实践统一的过程,而这正是行动、生活和实践的过程。"(刘放桐,2017:5)知识是暂时性的,它只是一定情境下的"可靠",它需要不断地更新和接受检验,而探究活动是一种连续的知识积累的过程(徐陶,2016:137)。教师学习也是一种积极的知识构建的过程。在探究,即主体基于经验的认知活动中,知识不是被动地获取,而是行动主体对于不确定情境的积极回应。可见,探究具有连续性和动态性的特点,是一个不断反复上升的过程。杜威(Dewey,1993)指出,教育经验具有持续性和互动性的特点,教师专业认同也是在个人生活和专业生活的不断磋商中构建、变化的。探究还具有社会性和文化性,是个体积极与他人进行意义协商的一种动态互动。大学英语教师参与教学、科研方面的集体活动,充分利用各自的知识背景,反思教学和科研经验,充分挖掘认知潜力,积极与同行进行沟通交流,搭建认知支架,促进知识共享,提高专业实践,从而达到个体自我的重构和集体自我的升华,逐步实现并提升专业认同,促进专业发展。

3.5　小结

本章阐述了本书的三大理论基础,即实践共同体理论、活动理论和反思性实践理论,并分别归纳了三个理论与教师专业认同之间的关系,构建了关系示意图。通过对三种理论的整合思考,以概念模型为基础,提出了大学英语新手教师专业认同发展的理论模型,即本书的理论框架。

4

第4章
研究设计

本书采用量化和质性相结合的研究方法,通过前期访谈和文献梳理编制初始问卷(五级里克特量表形式),根据试测结果和前人研究制定叙事问卷,进一步从专业认同态度和实践视角探寻教师的专业生活历史与现状。在梳理量化和叙事两种问卷的基础上,根据研究问题的需要制定半结构访谈的提纲,邀请部分教师参与访谈并保持持续交流,多渠道获取普通高校大学英语教师专业认同影响因素的相关数据,为本书提供翔实的数据支持。

4.1　研究问题

本书从新增地方本科高校中选取研究对象,主要通过调查问卷和半结构访谈的研究方法探讨此类院校大学英语新手教师的专业认同及其建构。本书的研究问题是: ① 大学英语新手教师专业认同现状如何? ② 大学英语新手教师的专业认同的影响因素有哪些? ③ 提升大学英语新手教师专业认同的路径有哪些?

具体而言,本书不仅探讨地方普通本科高校大学英语新手教师的专业认同现状,即包含教学和学术两个层面的专业生活实景,还将研究教师个体或其他外在因素对其专业认同造成的影响。在分析其专业生活的认同现状和影响因素的基础上,结合研究数据探讨大学英语新手教师专业认同的提升路径,为大学英语新手教师的专业发展提供参考。

4.2　研究参与者

随着高等教育国际化的快速发展,近年来我国有一大批地方专科或高职院校升格为本科高校。笔者从教育部网站查阅《中国教育概况——2020年全国教育事业发展情况》获知,普通本科院校从 2000 年的 1 041 所增至1 270 所。这些本科高校以服务地方经济、促进社会发展为人才培养目标,其中大学英语教学在培养应用型人才中的地位不可忽视,大学英语教师的作用举足轻重。笔者曾在此类院校任职大学英语教师数年,对此类院校的大学英语教师,尤其是新入职教师的发展困惑感受颇深。笔者曾于 2017 年初对某地方本科院校的三位入职约一年的新手大学英语教师进行了半结构访谈等一系列先导研究,从专业认知态度、专业实践活动、专业发展意愿三方面考察了大学英语新手教师的专业认同现状和特征。通过与三位教师对话,笔者发现此类院校在适逢发展机遇的同时面临很多困难,如师生比例不协调、职称评定体系不完善、工作环境不完备等。这些因素带来大学英语教师工作量大、缺乏认同感和幸福感等问题。

基于以上原因,本书主要针对全国各地近年来新升级的地方本科高校,从可操作性角度出发,采用便利抽样的方法选择样本,邀请来自上海电力学院、上海电机学院、上海健康医学院、上海政法学院、上海海洋大学、天津城建大学、宿州学院、武夷学院、泰州学院、河南城建学院、河南财政金融学院、郑州航空工业管理学院、豫章师范学院、丽水学院、荆楚理工学院、甘肃民族师范学院、陇东学院、遵义医科大学、西安航空学院、皖西学院、蚌埠医学院、河套学院、三明学院、安徽科技学院、昭通学院、榆林学院、巢湖学院、黄山学院、黔南民族师范学院、长江师范学院、重庆科技学院、怀化学院、淮南师范学院、宿迁学院、淮阴师范学院、桂林航天工业学院、桂林旅游学院、盐城工学院、山东女子学院、山东青年政治学院、齐鲁师范学院、聊城大学、泰山学院、济宁学院、德州学院、菏泽学院、滨州学院、滨州医学院等全国近 50 所高校的大学英语教师完成相关问卷和访谈,并在双方自愿的基础上选择部分入职不满六年的新手教师进行进一步跟踪访谈和调查,为本书提供数据支持。

4.3　研究方法

布鲁纳(Bruner,1986)认为,人类探究世界、了解真相的方法有两种:一是例证法(paradigmatic mode),二是叙述法(narrative mode)。前者试图通过实证的方法找到普遍的真理,后者通过人们讲述的故事探究人们的行为和经历,二者互为补充。量化研究可以较为便利地获取大样本的相关数据,调查某些因素量的一定规律(陈向明,2001;Creswell,2009),便于我们了解大学英语教师群体的概貌和总体特征。而质性研究适合探究复杂的细节,深入情感等内心活动(Strauss & Corbin,1998),有助于我们探究人类存在的意义,阐释复杂的人类行为(Kim,2016:4)。过程和意义是理解人类行为的根本(Bryman,2015),人们的行为以及对该行为的看法能够为研究提供数据来源(Cohen et al.,2017)。本书采用解释建构主义的研究范式,从研究对象和研究问题出发,采用互补式研究设计,以质性研究方法为主,通过结合量化的问卷调查的混合研究方法,寻求不同数据之间的相互支持,多角度接近研究对象,力求最大限度地了解研究对象的真实情况,探究大学英语新手教师专业认同的复杂性和独特性。量化数据将通过问卷量表得出,质性数据将通过叙事问卷、半结构访谈等手段获取,多角度探究大学英语新手教师的专业生活。技术路线图见图 4-1。

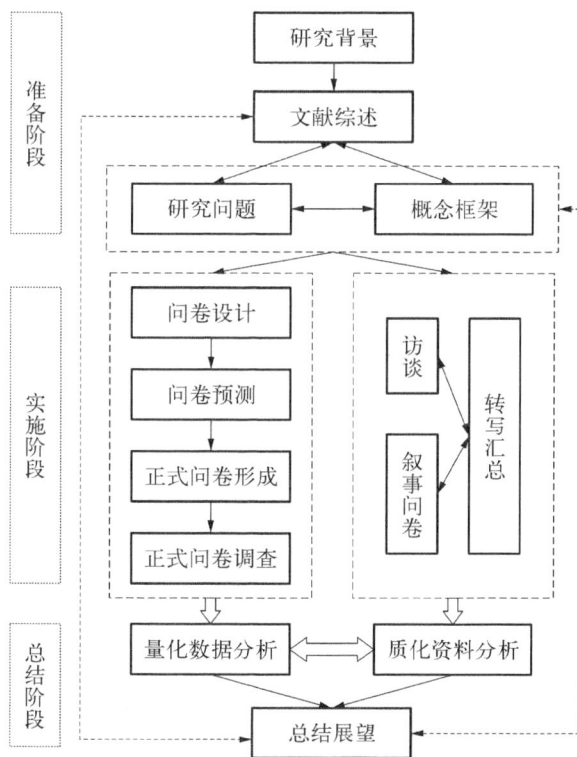

图 4-1　技术路线图

普通本科高校大学英语新手教师专业认同现状如何？本书通过调查问卷结合半结构访谈来回答这一问题。根据前人研究，笔者从个人、学生、同事、学校和家庭五个维度拟定问卷内容，请同行专家审核，进行三角验证和初步测试后联系部分高校大英教师参与完成约 100 份叙事问卷。基于叙事问卷情况，利用问卷星同时从目标、实践、情感三个维度制定调查问卷，请同行专家审核，试测修订后拟回收约 400 份问卷。通过两个部分的问卷分析确定部分对象进行访谈，通过面对面或远程连线方式进行每次 1～2 小时的深度访谈，了解该群体教师对自身专业认同的态度和感知，以及参与的专业实践活动，分析理解大学英语新手教师的专业认同态度及实践现状。

影响普通本科高校大学英语新手教师专业认同的因素有哪些？本书拟分析叙事问卷数据，结合半结构访谈，从积极和消极两个角度来探讨影响我国大学英语新手教师专业认同生成与发展的影响因素。主要从教学内容、教学方法、教学手段、师生互动、科研实践、科研互动等方面，结合教师访谈和其他文本资料，了解大学英语新手教师的课堂教学和科研生活现状，剖析影响其专业认同的主客观因素。

普通本科高校大学英语新手教师专业认同的提升路径如何？本书拟通过教师访谈了解大学英语新手教师的专业发展期望，结合共同体理论、活动理论、反思性实践等，邀请教师回顾自身经历，勾画自身认同的个人发展路径和组织发展愿景。结合调查问卷和叙事问卷的部分数据，明晰大学英语新手教师专业认同的发展目标和实现路径。

4.4　数据分析

本节为本书研究的数据分析部分。首先梳理调查问卷的结果，阐述试测问卷的编制和修改，统计受访教师的基本情况、量化结果及开放性问题的数据，为本书的研究提供量化数据。其次梳理叙事问卷的结果，阐述叙事问卷的设计理据，统计主要数据。最后梳理访谈数据，记录受访教师基本情况和访谈的实施，分析汇总访谈数据。

4.4.1　调查问卷结果分析

人类所建构和体验的世界可以被理解为三个不同的秩序(Jenkins,2008：39)：个体秩序(individual order)、交往秩序(interaction order)和制度秩序(institutional order)。个体秩序是由具体的个人和他们身上所发生的事情组成的人类世界,是个人的反思与成长；交往秩序是人与人之间的关系所构成的人类世界,是互动协商的产物；制度秩序是模式和组织的人类世界,是个体秩序和交往秩序的既定方式。根据"秩序"说,教师认同的考察也可以从三个角度进行：一是教师自身的认知、态度和情感,二是教师与周围人(包括领导、同事、家人、学生等)的互动与交往,三是教师所在的高校的相关制度和规定。本书参考前人(唐进,2013；文灵玲,2015；寻阳,2016；Allen,2007；Friesen & Besley,2013；Li,2017；Spencer et al.,2017)研究及量表,结合对大学英语教师专业认同的操作性定义,从目标认同、实践认同、情感认同三个维度出发编制了大学英语教师专业认同量表(参见附录 1)。初始问卷(包含基本信息)共 73 个题项,另在 74 题设置一道主观题,要求被试者用一句话概括做一名大学英语教师的感受,便于研究者通过这种最直观的表达了解被试者的内心。问卷采用李克特量表赋分法,每个题项分为 5 个分值,分别是 5(非常同意)、4(比较同意)、3(不确定)、2(比较不同意)、1(非常不同意)。

问卷初稿经专家、同行阅读,于 2018 年 9 月 24 日发到以高校外语教师为主要成员的微信群进行试测,两天内共计收到 56 名被试者的问卷数据,均为有效数据。被试教师的基本信息如表 4-1 所示。

表 4-1　被试教师基本情况统计

类　别	内　容	频　率	比　例
性　别	男	11	19.64%
	女	45	80.36%

续　表

类　别	内　容	频　率	比　例
年　龄	≤25 岁	0	0%
	26～35 岁	7	12.5%
	36～45 岁	38	67.86%
	45 岁以上	11	19.64%
最高学位	学士	1	1.79%
	硕士	48	85.71%
	博士	6	10.71%
	其它	1	1.79%
高校教龄	0～3 年	1	1.79%
	4～6 年	2	3.57%
	7～10 年	10	17.86%
	11 年以上	43	76.79%
高校职称	助教及以下	5	8.93%
	讲师	29	51.79%
	副教授	21	37.5%
	教授	1	1.79%
出国经历	无	32	57.14%
	有	24	42.86%

　　试测数据回收后,将第 8～73 题的分值下载,通过 SPSS(19.0 版本)将其中三个反向题目的数值进行反转,然后进行项目的区分度检验。首先,通过极端分组法,用独立样本 t 检验的方法,将 56 名被试的前 50% 和后 50% 分别

作为高分组和低分组,经对比发现有七个题项(第 8、11、13、14、29、50、55 题)的 α 值大于 0.05;其次,通过项目内部一致性分析法,用 Spearman 相关分析,经对比发现有三个题项(第 8、13、14 题)的 p 值大于 0.05。综合以上两种方法,本书发现第 29 题 α 值为 0.08,且该题项有助于了解大学英语教师的教学现状,故本题项拟手动保留。结合专家意见,其他六个题项经试测及数据分析手动剔除。正式调查时(包含基本信息)题项减少至 67 个,原开放性题项第 74 题"请用一句话概括您做一名大学英语教师的感受"(见表 4 - 2)保留为 68 题,保证了问卷的效度和信度。

表 4 - 2　调查问卷开放性问题试测数据统计

情感	积极(22)	复杂(18)	消极(13)	其他(3)
描述词	3 有意义,令人快乐 5 满意 7 还好 8 努力工作 11 愉快,受人尊敬,能帮助学生我感觉很愉快 14 我很自豪 15 大学英语教学传道授业解惑 21 我热爱我的工作 26 还行 27 我喜欢的职业 30 心系学生,潜心教学 34 总体挺好 35 享受教学,享受科研,享受生活 36 工作时间少,不用坐班,我还是比较满意我的工作的 37 尽心尽力 46 自豪,自爱,有责任心 47 有责任,有成就感 48 教书育人是老师的本职工作 49 比较有成就感 51 热爱大学教师的职业 55 做老师是良心饭,只有自己用心付出 56 教书育人,教学相长	6/10/44/52/53 痛并快乐着 22 累并快乐着 54 辛苦并快乐着 1 享受与压力并存 18 食之无味,弃之可惜 24 百感交集 25 幸福,怀疑,挑战,动力 28 还行,就是待遇太低 29 一言难尽 31 悲喜交加 33 虽然有点艰难,但是也会有满足感 38 教学是良心活,科研很辛苦 41 有时候会感到非常幸福,但是有时候也会有失落感,尤其是学生不认真学的时候	9/12/20 累 23/32 科研压力大 2 如果再给我一次机会,我不会再选择做大学英语教师 4 没有幸福感 13 受气 17 做好科研和教学压力挺大 19 目前这是一个逐渐陷入困境与尴尬的职业 42 幸福感低 43 不好 45 不满意	16 无 39 1 40 1

数据分析显示,本次试测 56 名被试教师中有 90% 以上的教师具有七年以上的高校教龄,由于本书的主要研究对象是大学英语新手教师,故本试测可以作为对比分析时的参考资料之一。从表 4 - 2 可见,除三位教师未明确表态外,有 22 位(39.29%)大英教师对大学英语教师这份职业持积极态度,认为做大学英语教师"有意义""受人尊敬""有成就感"等,是一种享受;有 18 位(32.14%)大英教师持复杂的态度,其中有五位教师认为,做大学英语教师是"痛并快乐着";还有教师认为,"享受与压力并存""食之无味,弃之可惜""百感交集""一言难尽""悲喜交加";有 13 位(23.21%)教师不满意当前的职业现状,其中三位教师直言一个字"累",两位教师提到"科研压力大",没有幸福感可言,教师"是一个逐渐陷入困境与尴尬的职业"。

正式问卷于 2018 年 11 月 9 日通过微信、QQ 等途径将问卷星链接发送给符合条件的大英教师。为保证研究的一致性和有效性,笔者委托部分教师将问卷转发给自己所在高校的大英教师同事,时间持续约一周,累计收到 535 份答卷。本问卷是在研究者反复阅读文献基础上设计而成的,经过专家、同行的审阅和试测后反复修改定稿,因此具有较好的内容效度。其中,1~7 题为基本信息,8~67 题为李克特五级量表。具体而言,本问卷五级量表部分共分为三个维度,分别是目标认同(8~14 题项)、实践认同(15~41 题项)和情感认同(42~67 题项)。本问卷唯一的开放性问题,即第 68 题让受访教师用一句话概括做大学英语教师的感受,此题答案按照提交序号标注,如 1 为 1 号教师的答案,2 为 2 号教师的答案,以此类推。

本问卷的题项 8~67 为李克特五级量表,本部分数据下载后通过软件 SPSS(19.0)将其中三个反向题目的数值进行反转,采用与试测分析同样的方法,通过 SPSS 软件进行独立样本 t 检验和 Spearman 分析,结果良好。检测显示,本问卷三个部分的 Cronbach 系数分别是 0.684(第一部分,题项 8~14,仅 7 项),0.935(第二部分,题项 15~41,共 27 项),0.915(第三部分,题项 42~67,共 26 项),总体 Cronbach 系数为 0.947(见表 4 - 3),KMO 值为 0.931(见表 4 - 4)。因此,本问卷亦具有较好的信度和结构效度。

表 4 - 3　调查问卷信度检验结果

题　　项	项数	Cronbach's Alpha
8～14(目标认同)	7	0.684
15～41(实践认同)	27	0.935
42～67(情感认同)	26	0.915
全部题项	60	0.947

表 4 - 4　调查问卷效度检验结果

KMO 和 Bartlett 的检验

取样足够度的 Kaiser-Meyer-Olkin 度量		.931
Bartlett 的球形度检验	近似卡方	19 394.092
	df	1 770
	Sig.	.000

　　本次调研得到来自上海、山东、河南、湖北、安徽、云南、福建、浙江、贵州、江苏、陕西、四川、甘肃、云南等全国 21 个省、市、自治区(见图 4 - 2)地方本科高校的 535 名大学英语教师的回复填写,其中女性教师 413 名,占总调研比例的 77.2%,男性教师 122 名,占比 22.8%。如表 4 - 5 所示,本次调研具有硕士学位的大学英语教师比例最高,占比 83.18%,明显高于王守仁和王海啸(2011)、陈桦和王海啸(2013)、文灵玲(2015)针对全国高校大学英语教师的调研结果(分别是 60.1%,58% 和 73.1%);具有博士学位的仅有 27 人,占比 5.05%,大学英语教师队伍整体的学历层次与蒋玉梅(2011)的调研相比有了较大提高。就入职年限而言,入职不足三年的大学英语教师仅有 33 人,仅占 6.17%;入职 4～6 年的有 34 人,占比 6.36%。讲师职称的大学英语教师比例最高,占比 57.76%;其次是副教授职称,占比 30.65%;助教及见习教师次之,占比 8.41%;具有教授职称的最少,仅占 3.18%。对比王守仁和王海啸(2011)、蒋玉梅(2011)、陈桦和王海啸(2013)、文灵玲(2015)的

调研,讲师职称的比例有所下降,副教授和教授的职称比例均有所提高,说明近年来大学英语教师的职称层次也有一定提高。有大概 1/3 的受访教师有出国学习或进修的经历(见图 4-3),低于王海啸(2009)的全国数据,说明地方本科高校大学英语教师的出国机会仍然不多。其中英国(36 人)、美国(35 人)、澳大利亚(15 人)和加拿大(10 人)是大学英语教师出访较多的国家,这与这些国家是英语国家有较大关系。

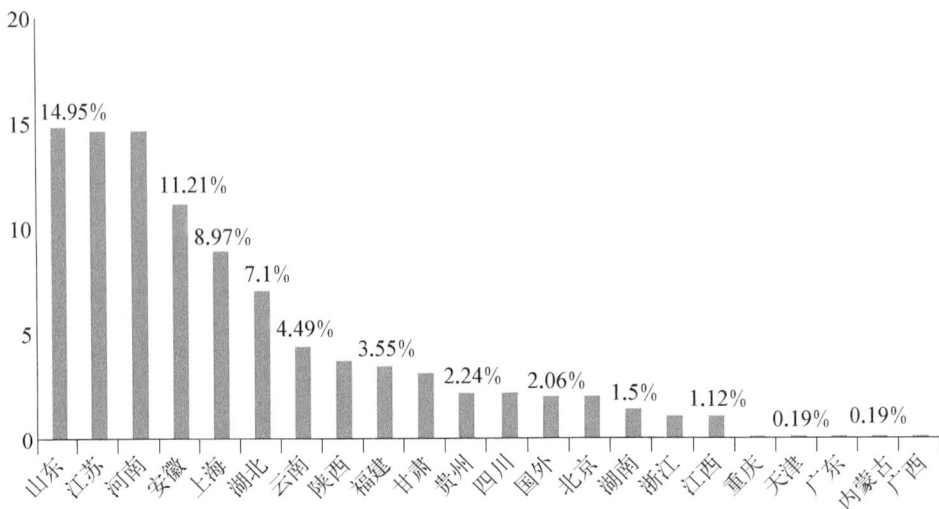

图 4-2 调查问卷受访教师地理位置分布情况

表 4-5 调查问卷受访教师基本情况统计

项　目	内　容	频　率	比　例
性　别	男	122	22.8%
	女	413	77.2%
年　龄	≤25 岁	3	0.56%
	26～35 岁	113	21.12%
	36～45 岁	322	60.19%
	45 岁以上	97	18.13%

续　表

项　目	内　容	频　率	比　例
最高学位	学士	59	11.03％
	硕士	445	83.18％
	博士	27	5.05％
	其它	4	0.75％
高校教龄	0～3 年	33	6.17％
	4～6 年	34	6.36％
	7～10 年	67	12.52％
	11 年以上	401	74.95％
高校职称	助教及以下	45	8.41％
	讲师	309	57.76％
	副教授	164	30.65％
	教授	17	3.18％
出国经历	无	368	68.79％
	有	167	31.21％

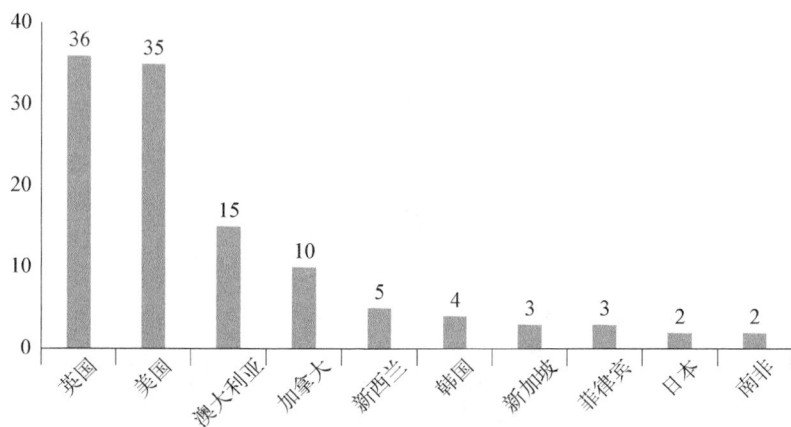

图 4－3　调查问卷受访教师出访国家分布情况

本次调查问卷中唯一的开放性问题 68 题为必答题,要求受访教师用一句话概括做一名大学英语教师的感受。研究者将 68 题答案单独下载,通过 Excel 表格,根据类属分析(陈向明,2000:290)的方法,将受访教师的回答大致分为积极描述、消极描述和复杂描述三类(表 4-6)。根据本书的研究问题,为便于分析,本调查把大学英语教师的入职年限分为四类,分别是 0~3 年、4~6 年、7~11 年和 11 年以上。

表 4-6　调查问卷开放性问题答案汇总

受访教师		积极描述		消极描述		复杂描述	
入职年限	总频次	频次	占比	频次	占比	频次	占比
0~3 年	33	18	54.55%	7	21.22%	8	24.24%
4~6 年	34	16	47.06%	8	23.53%	10	29.41%
7~10 年	67	21	31.34%	17	25.37%	29	43.28%
11 年以上	401	124	30.92%	100	24.94%	179	44.64%

4.4.2　叙事问卷结果分析

人类本质上是故事讲述者,讲故事是向他人表达自我和自我世界的基本方式(McAdams,1993:27)。叙事是人们组织记忆、建构生命中经验片段的方式(Bruner,1987:15),是通过意义串联对许多故事的重新建构(丁钢,2008:65)。叙事研究最早由康纳利和克兰迪宁(Connelly & Clandinin,1990)用于教育领域,起点和重心是人的经验。故事为我们提供可能的人类经验,让我们体验与平时生活不同的生活情境、感受、情感和事件(van Manen,1990)。当故事联结了彼此的经验,唤起了同情理解,就会增进人与人之间沟通的密度(周淑卿,2010:28)。叙事能够揭示人类经验的故事性,尊重每个个体的生活意义(丁钢,2008),是呈现和理解教师经验的有效方式(Barkhuizen,2011)。教师身份是"体验中的生活故事"(stories to live by)(Connelly & Clandinin,1999:4),故事性叙事研究是调查和理解专业认同的有效手段(Norton & Early，2011：43)。叙事把教师看作"全人"视角下的职业工作者，关注教师经验及其意义，高度弘扬教师作为鲜活的人的存在价值(顾佩娅，2017：30)。这种以人为本的研究方法尤其适合探究人的内心，接近人的生活世界。叙事研究特别适合个人身份认同研究(Creswell，2012；转引自顾佩娅，2017：46)，听老师讲教学和科研生活里的故事能够探寻教师认同的发展轨迹，帮助我们理解大学英语新手教师的认同和发展。尽管叙事问卷有一种去个性化(de-personalize)的风险(Barkhuizen & Wette，2008：382)，但从社会文化角度而言，它是一种能够激发教师认知的中介工具(张凤娟、杨鲁新，2016：247)，从而帮助教师建构专业认同，促进专业发展。因此，本书拟通过叙事问卷走进教师的内心世界，探究其专业认同的变化。

　　同事、学生、家长以及学校共同体的其他成员对新入职教师的专业认同建构都起到重要作用(Alsup，2006)。因此，本书基于康纳利和克兰迪宁(Clandinin & Connelly，2000)的三维叙事研究空间理论(Three Dimensional Narrative Inquiry Space，即互动空间、持续空间、场域空间)，参考顾佩娅(2017：75)的叙事问卷，结合本书的研究目的和专业认同的工作定义，设计了包括个人、学生、同事、家庭、学校五个维度的问卷(见附录4)：① 个人的成长背景、求学故事、职业经历等；② 学生的英语学习动机、学习兴趣、课堂参与度等；③ 同事的交流、工作面貌等；④ 家庭的经济实力、配偶职业、子女教育等；⑤ 学校的职称评审体系、奖惩考核制度等。每个维度由 2～4 个体现经验的连续性和交互作用特点(杜威，2004)的叙事框架构成。每个框架由一些长短不一的指示引导语和需要受访教师填写的空格组成。叙事问卷初步设计完成后，笔者邀请了专家、同行约 10 人试用该问卷，听取其反馈，酌情修改了部分表达。笔者于 2018 年 10 月中下旬陆续寻找符合本书研究目的的大学英语教师发放叙事问卷，历时约三周，共收到全国 16 个省市的 40 余所高校教师的 119 份问卷，其中由于信息交流不够及时，有部分民办高校(7 份)或专科院校(1 份)的大学英语教师和个别英语专业的教师(1 份)也填写了问卷，共计 9 份，被视为无效。有效问卷共计 110 份，其中电子版(包含 Word 版和手填扫描版)91 份，纸质版 19 份。叙事问卷标注为 XS,并按照所属省份首字母与回收时间标注序号,如 XS-1 为第一份叙事问卷,XS-2 为第二份叙事问卷,以此类推。参加叙事问卷的大学英语教师的基本情况见表 4-7。

表 4-7　叙事问卷受访教师(110 名)基本情况统计

项　目	内　容	频率	占比
性别	男	24	21.82%
	女	84	76.36%
	未填	2	1.82%
专业	英语/英语教育	103	93.64%
	商务英语/经贸英语	5	4.55%
	其他	2	1.82%
职称	助教及以下	33	30%
	讲师	68	61.82%
	副教授	7	6.36%
	教授	1	0.91%
	未填	1	0.91%
教龄 (年)	0~3	26	23.64%
	4~6	13	11.82%
	7~10	13	11.82%
	≥11	57	51.82%
	未填	1	0.91%
文章发表 (近五年内)	投稿 5 篇及以上	41	37.27%
	投稿 0 篇	17	15.45%

续　表

项　　目	内　　容	频率	占比
文章发表 （近五年内）	发表 3 篇及以上	61	55.45％
	发表 1 篇及以上核心刊物	20	18.18％
项目申报 （近五年内）	申报 3 项及以上	40	36.36％
	申报 0 项	34	30.91％
	立项 1 项及以上	72	65.45％
	省部级及以上立项	21	19.09％
教学任务 （节/周）	≥16	29	26.36％
	12～15	58	52.73％
	8～11	16	14.55％
	＜8	7	6.36％
学生人数 （人/班）	≥80	30	27.27％
	60～79	33	30％
	40～59	30	27.28％
	＜40	13	11.82％
	未明确写出	4	3.6％
工资收入 （元/月）	≥7 000	20	18.18％
	5 000～6 999	50	45.45％
	3 000～4 999	34	30.91％
	＜3 000	1	0.91％
	未明确写出	5	4.55％

如表 4 - 6 所示，填写叙事问卷的大英教师中，女性教师有 82 人，占比

76.36%,这与本书调查问卷的结果一致,说明我国大英教师队伍中女性教师比重仍然较大。绝大多数大英教师(93.64%)是英语专业或英语教育专业,在很大程度上保证了这一教师队伍具备一定的专业素养。就职称而言,此次调研仍然是讲师职称比例最高,比例接近 62%,这与王海啸(2009)、文灵玲(2015)的调研数据基本一致。其次是助教职称或见习岗位(30%),中低职称的教师数量高于量化调研的数据,这与本次调研的抽样方法有关。有超过 1/3 的调研数据来自入职六年之内的大英新手教师,可以帮助我们了解该群体的现状;另有约一半的调研数据来自入职 11 年以上的老教师,有助于我们进行对比分析。

从科研论文投稿及发表情况来看,有 37.27%的大英教师近五年内投稿五篇及以上,超过一半发表了三篇及以上的论文,但其中发表过一篇及以上核心刊物的仅有 18.18%。发表三篇及以上的数量相比蔡朝辉(2016)的调研情况有所提高。可见大英教师的投稿和发表数量尚可,但质量不佳,发表论文的质量和数量的这种不均衡状态反映出地方本科高校大英教师的学术能力有待提升。究其原因可能是他们的学术素养不高,论文质量欠佳,同时核心刊物数量不多。而仍有 15.45%的教师近五年内没有任何投稿,这与蒋玉梅(2011)和蔡朝辉(2016)的调研情况基本一致,说明大英教师撰写科研论文的积极性仍有待提高。就科研项目申报而言,夏纪梅(2002)的调研中有 50%的大英教师没有参加过更没主持过科研课题,此次调研中接近 1/3 的教师近五年内未申报过任何课题,这与 16 年前的调研相比有了较大改善。有 36.36%的大英教师近五年内申报三项及以上课题,有约 65%的教师近五年内立项一项及以上科研项目,其中省部级及以上立项仅占不到 20%,且大多为校级课题,说明地方本科高校近年来开始重视青年教师和大英教师的科研团队建设,加大全校范围内的立项数量和投入,在一定程度上带动了大英教师申报课题的积极性。

从教学工作量来看,本次研究中接近 27%的大英教师每周有 16 节及以上课时,一半以上的大英教师周课时在 12 节及以上,仅有 6.36%的教师周课时在 8 节及以下,后经访谈得知此类教师多为兼做辅导员等行政事务的新入职教师。这与王守仁和王海啸(2011)、蒋玉梅(2011)、张莲(2013)的调研数据基本一致,说明大英教师的教学任务依然繁重。本次调研的地方高校大英教师的教学工作量高于刘润清和戴曼纯(2003)的全国调研数据,也高于王海啸(2009)的调研结果,其中仅有 11.6% 的大英教师周课时大于16 节,说明地方本科高校的大英教师工作量相对全国而言仍然较大。除教学课时量外,地方本科高校的大学英语班级规模也较大,给教师增加了无形的工作量。本次调研中 80 人以上和 60~79 人的班级分别占 27.27% 和30%,与王海啸(2009)的调研数据相比没有很大差别。

就大学英语教师的月工资而言,高于 7 000 元的占比 18.18%,近一半的教师月工资在 5 000~6 999 元之间,近 1/3 的教师月工资在 3 000~4 999元之间。与文灵玲(2015)的调研数据相比可知大英教师收入有了较大提高,这与近年来我国全面实行的绩效岗位工资制度有关。

4.4.3　访谈结果分析

一个人的经验会对身份认同产生影响,一个人的历史和经验对自我的形成具有关键作用(Watkins-Goffman, 2001)。访谈可以进入受访者的内心,了解他们的心理活动和思想观念(陈向明,2000:170),能够帮助研究者获取关于被试某些行为的数据,是了解受访对象的重要方式(Maxwell, 2012)。访谈有助于我们了解被访者过去和现在的经历和经验以及他们对这些经验的认识和看法,还有与之密不可分的情感态度。访谈应遵循一定的步骤,如联系并确定访谈人选,准备访谈数据收集所需设备,确定访谈的时间和地点,向访谈对象承诺保密并致谢等(Seidman, 2013;Creswell, 2015)。本研究先后访谈 13 位教师,其中先导访谈 3 人,正式访谈 10 人。

先导研究的受访对象是仍处于斯黛菲等人(Steffy et al., 2012:5)认为的学徒期(the apprentice phase),访谈时(2018 年 1 月)任教时间不足 1 年,来自同一所山东省地方本科院校的大学英语教师(见表 4-8)。他们从师范或非师范院校获得英语语言文学专业的硕士研究生学历和学位,此前无正式大学英语从教经历,独立承担计划和实施大学英语相关课程的教学任务。研究人员与三位受访教师曾是同事关系,访谈之前经过多次沟通,告知保密事宜,研究条件良好。第一次访谈主要通过半结构访谈的形式让三位新手教师讲述自己入职以来的故事作为数据主要来源。根据前期研究构建的大学英语教师专业认同模型(亓明俊、王雪梅,2017)(见图 3-1),笔者从专业认同目标、活动、结果三个层面拟定了包含 35 个子问题的初始访谈提纲(见附录 5)。访谈通过微信语音通话和电脑录音软件录音的方式进行,并有部分笔头记录。每位教师的访谈均一次完成,每次时间持续约 1 小时,主要是受访者作答,采访者作适当补充、延伸。

表 4-8　先导访谈受访教师背景信息

被访者	性别	年龄	研究方向	毕业院校	从业经历	周课时	班级规模
教师 A	男	27	文学	师范类	专科三个月	16	80
教师 B	女	27	翻译	师范类	专科四个月	16	60~80
教师 C	女	30	文学	外语类	高中一年	16	50~100

先导访谈的录音由包括笔者在内的三人转写,初步转写完成后笔者对照录音进行二次核对,然后由三位被访谈教师进行核实,并确认了部分录音模糊之处。三位受访教师全部访谈录音共转写约 58 380 字。在后续整理研究报告时又针对科研状况于 2018 年 5 月追加了一次访谈(见附录 6),本次访谈的方式与前面一致,主要围绕学术论文写作、科研项目申报、学习进修计划等方面对三位教师进行了每人约 15~20 分钟不等的访谈,追加访谈录音转写文字 1 504 字。

针对本书的三个问题和大学英语教师专业认同模型(亓明俊、王雪梅,2017)(见图 3-1),从专业认同目标、活动、结果三个层面,基于以上先导研究,并通过查阅文献,请教专家,又反复修订先导研究的访谈提纲,将其中的 28 题"您是否经常思考如何改善课堂教学?"和 29 题"您是否经常撰写教学反思日记?"合并为一题,另增加关于地方本科院校人才培养目标、个人专业发展目标、所在院系教学、科研团队建设、学校对新教师支持政策等情况的问题 16 题,修改调整后的访谈提纲共计 50 题(见附录 7)。

笔者在收集量化数据和叙事问卷的过程中与部分地方高校的大英教师取得联系,并通过微信保持交流,增进了解。拟定好最终访谈提纲后,笔者与二十余位大学英语教师取得联系,邀请部分教师参与访谈,根据研究问题和受访教师的情况最终确认了十位受访教师(其中除第二位、第七位外,其他八位均是从教大学英语不满六年的新手教师)。基本情况统计见表 4 - 9,访谈具体实施情况见表 4 - 10。访谈通过微信语音电话的方式进行,基于提纲但不囿于提纲,根据受访教师的回答进行适当追问,录音转写后与被访谈教师核对确认内容。正式访谈的全部访谈录音共转写约 174 281 字。

表 4 - 9　正式访谈受访教师背景信息

序号	访谈对象	性别	教龄	职称	学历	研究方向	从业经历	境外经历	周课时	学生年级
1	刘老师	女	3	助教	硕士	TESOL	无	中国香港/英国 1.5 年	14	2
2	赖老师	女	7	讲师	硕士	文学	高校 1 年	无	8	1
3	吴老师	女	2	助教	博士	外语教学	企业 6 年	韩国 8 年	11	2
4	程老师	女	1	见习	硕士	外语教学	高中 1 年	无	16	1
5	胡老师	女	5	助教	硕士	外语教学	无	无	8	1
6	尹老师	女	2	助教	硕士	文学	外贸半年	塞浦路斯 3 年	12	2
7	钟老师	女	11	讲师	硕士	文学	高中 4 年	美国 1 年	12	2
8	潘老师	女	1	见习	硕士	教育学	公务员 2 年	中国香港 2 年	4	1
9	周老师	女	1	见习	硕士	外语教学	公司 2 年	无	18	1
10	韩老师	女	2	助教	硕士	语言学	无	无	16	1/2

表 4 - 10　正式访谈实施记录表

访谈对象	实施日期	访谈时间	访谈方式
刘老师	2018 年 11 月 18 日	20:30～22:35	微信电话
赖老师	2018 年 11 月 19 日	9:30～10:37	微信电话

续　表

访谈对象	实施日期	访谈时间	访谈方式
吴老师	2018 年 11 月 20 日	15:05～17:07	微信电话
程老师	2018 年 11 月 20 日	19:10～21:02	微信电话
胡老师	2018 年 11 月 20 日	22:25～00:07	微信电话
尹老师	2018 年 11 月 23 日	22:15～23:42	微信电话
钟老师	2018 年 11 月 26 日	16:30～17:50	面谈
潘老师	2018 年 11 月 27 日	14:20～15:52	微信电话
周老师	2018 年 12 月 6 日	16:30～17:48	微信电话
韩老师	2018 年 12 月 6 日	20:20～21:32	QQ 电话

本书采用质性分析中的类属分析和情景分析(陈向明,2000)相结合的方法。类属分析有利于提取数据主题结构,情景分析为类属分析提供一定佐证和补充,两种方法结合可以完整地展现研究对象的经历,"实现共时性和历时性的统一"(杨鲁新等,2012：149)。访谈文本标注为 FT,并按照访谈时间对受访教师的访谈录音文本进行排序,其中先导研究中的三位受访教师标记为 FT‐A,FT‐B,FT‐C,正式接受访谈的十位教师按照访谈时间标记为阿拉伯数字,如 FT‐1 为第一位受访教师的访谈文本,FT‐2 为第二位受访教师的访谈文本,以此类推。在分析访谈数据时,笔者尽可能对被访谈教师的内心和诉求进行全面和详尽的深描,力图最大限度地呈现我国地方本科高校大学英语新手教师的真实现状,探究该群体教师专业认同建构的特点。

4.5　研究伦理

笔者恪守学术研究伦理道德,遵循学术研究规范,在研究过程中处处体现人文情怀。首先,本书的研究目的是体察大学英语教师团队的生存现状,通过剖析大学英语新手教师专业认同的现状,了解该教师群体的认知态度和实践行为,最大限度地挖掘其内心诉求和愿望,为大学英语教师专业发展提供政策借鉴和发展启示。其次,本书在收集研究数据的过程中给被试教师预留充分的时间阅读"参与研究知情同意书"(见附录 8),充分告知对方研究目标和研究流程,在尊重对方意愿的情况下邀请部分教师参加后续的访谈和观察,并在研究过程中坚持保密原则,在研究报告中不透漏教师的所在学校等个人信息。再次,坚守学术道德,不剽窃其他学者成果,不杜撰虚假数据,力求真实再现被研究教师的真实面貌,为相关研究提供一定启示。

4.6 小结

本章介绍了整体研究设计,就研究信度而言,量化部分通过统计方法检验数据,质化部分力求各种研究记录翔实;在效度方面,本书采取多种研究方法,通过三角验证多角度收集数据,访谈录音转写时与受访对象核验内容。为清晰、直观地呈现本书的具体流程,本章把整个研究过程分为研究对象选择、研究数据收集、数据分析整理等几个部分。但需要指出的是,一直以来实证研究大多都是文献阅读、思辨考究、接触被试、分析数据、论文撰写的循环往复的过程,在此过程的某一环节获得的灵感可能为其他正在同步进行的环节注入新鲜血液,并不断修正原有的计划和方案。例如,在先导研究中,专家的一句建议会帮助完善叙事问卷的编写;叙事问卷收集的过程中与大英教师的交流可能为进一步的访谈提供启示,帮助研究者完善访谈提纲;先导访谈中与教师的交流又有助于研究者跟踪部分受访教师的想法。总之,整个研究过程是研究者的思考、已有文献的梳理和各种研究数据之间的碰撞,循环往复,不断推进研究前行。

5 第 5 章
大学英语新手教师专业认同现状

本章拟基于调查数据研究大学英语新手教师专业认同现状。根据叙事问卷的第一部分,即个人的求学故事、职业经历等,特别是对个人职业选择动机、教学与科研实践等方面进行分析总结及主题提取,通过部分调查问卷和访谈数据形成三角验证,以考察大英新手教师对于专业认同的态度和实践现状。

5.1　大学英语新手教师专业认同态度

本节基于前文的数据分析,从"自我认同""教学认同"和"科研认同"三个方面梳理大学英语新手教师专业认同态度。

5.1.1　大学英语新手教师自我认同

深度描述具有能够描述行动的来龙去脉、意图、变化或进展等特征,能够为深度诠释奠定基础(Denzin, 2004:124)。通过对问卷中呈现的事件和经验进行深度描述,研究者将发现受访大英教师的职业认同和专业态度。类属"是建立在许多编码的组合之上的意义集合单位,代表了资料所呈现的观点或主题"(杨鲁新等,2012:145)。研究者针对访谈的原始数据进行多次深度阅读,以数据为主要导向,结合大学英语教师专业认同的概念,通过类属分析和情景分析(陈向明,2000)相结合的方法,反复对比数据中浮现的主题,最终通过手动提取,确定职业选择、优秀的大学英语教师、成就感等主题。

职业选择动机是考察教师专业认同重要的输入变量(input variable)之一(Schepens et al., 2009:374)。梳理与择业原因相关的叙事问卷和访谈文本数据,研究者共提取职业理想、个人因素、专业特长、专业学习、工作时间和学校因素六个主题(见表5-1)。本书中的受访教师选择大学英语教师这份职业的原因可分为内在和外在两种,其中内在原因包括符合自己的职业理想(XS-2,XS-4,XS-9,XS-14,XS-19,XS-54,XS-62,XS-68,XS-81,XS-82,XS-89,XS-94,XS-109,FT-A,FT-B,FT-C)、个人性格适合做教师(FT-B,FT-9)、从业经历让自己体验了做教师的乐趣(FT-1,FT-10)、有利于发挥自己专业所学(XS-19,XS-37,XS-67,XS-72,XS-96,FT-A,FT-1)、可以在教学过程中不断学习(FT-5,

FT‑10)、实现教学相长和个人成长。而外在原因则主要源于大部分高校给教师提供的较灵活的工作时间(XS‑5,XS‑10,XS‑54),尤其是女性教师能够有更多的时间兼顾家庭(XS‑62,FT‑C);也有个别教师提到学生因素对自己的影响,认为大学生自学能力较强(XS‑13),有利于实施教学行为,提升效能感。"可以在(讲台)上面,至少可以很自由地表达自己的一些想法,把学生当成自己的朋友或者是倾诉对象一样一起进行交流分享。这个对我来说可能是想当老师很重要的一个方面。"(FT‑4)

表 5‑1 "择业大英教师"叙事问卷和访谈数据编码表

原 始 数 据	初级编码	主题提取
个人兴趣(XS‑2)	符合自己的兴趣和职业理想	职业理想
职业理想(XS‑4)		
我很喜欢英语教育(XS‑9)		
很热爱英语教学,也擅长英语教学。(XS‑14)		
想做老师(XS‑19)		
对教师职业的向往(XS‑54)		
喜欢教书育人(XS‑62)		
喜欢当老师(XS‑68)		
我热爱英语和语言,并有着分享的热情。(XS‑81)		
喜欢这个职业(XS‑82,XS‑89)		
心怀梦想想当英语老师(XS‑94)		
热爱教学(XS‑109)		
从小反正就挺喜欢当老师的。小时候就有这么一个想法,觉得当老师挺好,上了大学之后,觉得当老师也挺适合我的。(FT‑A)		
我个人还是比较喜欢老师这个行业,喜欢跟学生在一块交流什么的。它对我有自己的一份吸引力。(FT‑B)		
我就觉得老师这个职业可能是相对来讲能够更好地来完成我自己的人生理想吧。(FT‑C)		

续　表

原 始 数 据	初级编码	主题提取
我就觉得我去企业的话,不是特别地能发展。我个人性格可能稍微有<u>一点内向</u>,然后心思<u>也没有那么敏捷</u>,对于企业业务上的一些问题我可能不会处理得特别好。(FT－B)	个人性格与经历的影响	个人因素
从大学一年级开始,我就开始打工做家教了,就是<u>这一段经历</u>吧。这好几年的经历就让我感觉到当老师的乐趣了。(FT－1)		
就是因为觉得自己首先第一点就是<u>性格比较开朗</u>,然后呢,就是上课不怯场。然后第二觉得自己<u>愿意跟学生交流</u>,就是<u>我愿意跟别人交流</u>吧。有的女生可能比较内向,比较喜欢文职工作,但是我的话可能就是<u>比较外向</u>,愿意去讲这些东西,所以我感觉自己就坚定了做老师的这样一个理想。(FT－9)		
可能是从小<u>家庭</u>也有原因吧,因为<u>我爸爸也是老师</u>,然后家里就一直灌输。我觉得女孩子当一个老师好像比那些类似政府工作公务员的工作要省心。(FT－10)		
专业是英语(XS－19)	可以发挥专业所学	专业特长
专业对口(XS－37)		
教高中不仅压力大,而且基本与研究方向脱节。(XS－67)		
本专业(XS－72)		
能充分发挥专业所长(XS－96)		
学了这么多年英语,<u>有这么一个地方去可以发挥</u>,<u>把英语知识真正发挥出来</u>。不像别的,学了英语好像做其他的工作就没有那么专业了。感觉学到了一些知识,跟学生分享挺好的。(FT－A)		
后来在英国念的<u>教育(专业)</u>,回来之后,就决定要当老师了。(FT－1)		
有机会继续学习深造(XS－5)	有利于教学相长,保持学习状态	专业学习
能够依然保持学习、探索的状态(XS－10)		

续　表

原　始　数　据	初级编码	主题提取
时间比较自由(XS-5)		
自由时间较多(XS-10)		
对寒暑假的向往(XS-54)		
工作时间自由,能兼顾家庭(XS-62)		
我觉得在教育子女的过程当中,老师这个职业是非常好的,更多地能让我兼顾事业跟家庭。我希望有比较多的时间来陪伴自己的家里人,还有孩子什么的。(FT-C)	工作时间相对自由	工作时间
如果我去其他的地方工作的话,我就没有办法兼顾家庭,兼顾小孩,(同时)能够有自己的事业了。(FT-6)		
我的同学都在中学当老师,他们的反馈就是特别辛苦。我觉得我跟他们比的话是非常幸福。我3:40就能下课,没事的话。不值班,或者说不搞什么别的事情的话,我就可以直接回家做自己的事。他们不行啊,他们有晚自习,要改卷子,可能还要集体备课,有的还要参加比赛。所以我觉得他们太辛苦。(FT-9)		
刚好有大学要我(XS-19)	学校招聘及教师管理等外部因素	学校因素
刚好学校招聘(XS-22)		
阴差阳错(XS-25)		
大英部教师休产假缺老师(XS-43)		

　　值得一提的是,新手教师中有一半受访者的叙事问卷中出现"喜欢""热爱""向往""心怀梦想"等词汇和表达,认为做高校教师符合自己的兴趣和职业理想。访谈中教师A和B都提到了熟悉的大学氛围对自己职业选择的直接影响。另外共有七位受访教师认为,做大学英语教师可以学以致用,如熟悉的校园环境让教师A有一种舒适感和轻松感,认为"学了英语好像做其他的工作就没有那么专业了""还是做一个真正的英语老师更好一点"。七位教师提到高校教师工作时间相对灵活的特点,如教师C在访谈中提到

自己童年时期没有跟父母一起生活,之前一年高中英语教师兼班主任的工作让她完全没有自己的私人时间,与自己的人生理想完全是背道而驰的,而大学英语教师较灵活的工作时间可以让她兼顾事业跟家庭。有四位教师提到入职原因是性格、经历和家庭因素,如教师 B 在谈到自己的职业选择时说:"个人性格可能稍微有一点内向,然后心思也没有那么的敏捷,对于企业业务上的一些问题我可能不会处理得特别好……觉得学校是最熟悉的一个地方。"还有教师提到"我的话可能就是比较外向,愿意去讲这些东西,所以我感觉自己就坚定了做老师的这样一个理想"(FT‐9),"可能是从小家庭也有原因吧,因为我爸爸也是老师,然后家里就一直灌输,我觉得女孩子当一个老师好像比那些类似政府公务员的工作要省心"(FT‐10)。可见,本书中受访教师的职业选择原因一方面是出于用自己所学的知识服务学生,回报社会的初衷,择业时绝大多数服从内心的愿望,为实现教育理想,发挥专业特长而入职高校;另一方面是高校较自由的工作氛围和较灵活的工作时间——有些教师有专业学习的期望和需求,而工作时间的自由恰好为其专业学习提供了一定条件。研究者认为,大学英语新手教师职业选择的内在动机是大学英语教师职业可以让他们"体会到从事与专业兴趣相关的有意义活动(a meaningful activity)的内在乐趣(inherent joy)"(Dörnyei & Ushioda, 2011: 163),能够满足其实现自我价值的根本诉求,这种职业选择动机为建立积极的专业认同提供了基础。

叙事问卷中有一部分内容要求受访教师回忆自己印象深刻的老师,并说明原因。让受访教师回忆并描述学生时代给自己留下深刻印象的教师,可以窥见他们对优秀大学英语教师特质的认识,洞见新手教师对作为大学英语教师的理想自我的认知。此部分根据受访教师回忆,这些教师参与过英美文学(XS‐5,XS‐67,XS‐94)、综合英语(XS13,XS‐30,XS‐54)、泛读(XS‐14,XS‐25)、外刊选读(XS‐22)、商务英语口语(XS‐62)、语法(XS‐43)、英语演讲(XS‐109)等多种课型,将受访教师说明的原因进行了初级编码,然后提取了四个主题(见表 5‐2),分别是性格因素、英语知识、口语技能、课堂教学。除性格因素外,其余三项与鲁(Lu, 2005)的调查数据一致,即英语发音、语言知识和教学策略是优秀语言教师的三大标准。

表 5 - 2 "印象深刻的老师"叙事问卷数据编码表

原　始　数　据	初级编码	主题提取
风趣幽默(XS-4)		
上课生动幽默(XS-5)		
极具个人魅力,气质出众(XS-13)		
课堂教学有趣(XS-14)	性格气质好,具有个人魅力	性格因素
诙谐幽默(XS-67)		
性格温暖阳光(XS-68)		
年轻,有气质,性格大方,不严肃(XS-72)		
上课幽默风趣(XS-109)		
由语言带出文化知识,很有意思(XS-19)		
专业能力强(XS-30)		
知识丰富(XS-37)		
知识点清楚准确(XS-43)	知识丰富,有一定专业素养	英语知识
博学(XS-67)		
知识面广(XS-68)		
专业知识扎实(XS-89)		
口语流利(XS-2)		
发音好听(XS-5)		
英语发音标准(XS-14)		
英式口语地道(XS-37)	口语流利,发音标准	口语技能
发音标准(XS-82)		
发音地道,像 native speaker(XS-96)		

续　表

原 始 数 据	初级编码	主题提取
善于调节课堂氛围(XS-2)	善于组织教学内容,保持良好的课堂氛围	课堂教学
擅于调动课堂气氛(XS-4)		
授课时展示了自己真实、独特的学习方法(XS-10)		
让我们积极参与到课程的学习中,每个人都要上台做 presentation(XS-22)		
上课过程会穿插人生哲理,让我们受益匪浅(XS-25)		
能调动课堂气氛(XS-30)		
非常系统地讲授语法(XS-43)		
给学生更多参与表达的机会,课堂气氛很轻松(XS-62)		
授课清晰有条理(XS-68)		
讲课引人入胜,方法得当(XS-94)		

首先,优秀的大学英语教师性格气质好,具有个人魅力。从表 5-2 可见,幽默(XS-4,XS-5,XS-67,XS-109)的个人性格被提及四次。也有受访教师提到性格好的老师总会受学生欢迎。

1. 他上课幽默风趣,深入浅出地讲文学方面的知识。除了上课讲知识之外他会经常讲女孩子应该多读书,女孩子应该如何提升自己这些,对我影响真的特别大。(FT-C)

2. 当时给我的印象就是她上课的话比较活泼一点点,那么我们所有的学生都比较喜欢她啊,她也能够像一个大姐姐一样对我们,那我们就愿意上她的课。(FT-6)

他们知识面丰富,有一定专业素养,上课内容丰富(FT-A,FT-5,FT-9),能用流利、标准的口语传授英语知识,发音好听(XS-5),像 native speaker(XS-96)。

1. 他的谈吐、学识,讲课的那种从容,都给我留下了很深的印象。

(FT - A)

2. 我大学的综合英语老师还有语言学老师（对我影响很大），就是因为他们俩都是那种……我觉得首先他们<u>专业知识很好</u>，就是教得很好。(FT - 5)

3. 我觉得对我影响最大的可能就是我的大学老师，有两位老师，<u>个人素质非常高</u>。他们经常会<u>引经据典</u>，上课讲的东西非常丰富，比如说讲到了 Achilles' Heel，他就能把这个故事讲出来。我们就感觉他<u>很有意思</u>，不是那种传统说教。(FT - 9)

4. 大学本科的时候，有一个老师一直到现在都能够令我印象比较深刻，因为她比较<u>年轻</u>，然后呢，她的<u>口语</u>还比较好。(FT - 6)

其次，优秀教师的特性之一就是教学有目的性（intentionality），从学生学习结果最大化的目标出发，不断审视自己的教学行动，修正教学计划和教学行动(Slavin, 2004：7)。优秀的大学英语教师在课堂教学方面具有一定共性，即授课讲究逻辑性的方法和步骤(XS - 10, XS - 43, XS - 68, XS - 94)，这一点也在访谈中得到了验证，如 FT - 8 说道：

> 上大学的时候我有一个高级英语老师。他上课非常<u>有趣</u>，但是这个有趣是建立在他知识储备够的情况下。他上课会讲趣谈，就是每一个单词或者每一个短语词汇背后的一些故事。<u>一个是有趣，第二个是结构清晰</u>。他会给我们一个依据让我们来做某件事，比如说上课的时候给我们一个角度，让我们去划分段落。好多老师让学生自己划，不会给他们提供一个<u>理论依据</u>。

可见，对于课堂教学的投入度是影响教师在学生心目中形象的重要标准，如 FT - 5 谈到其大学的语法老师时说：

> 我以前上大学的时候，特别讨厌我们一个语法老师，因为上课（时候）他老跟我们吹牛。他就<u>会扯一些其他的东西</u>，就聊一些他怎么怎么样呀其他的，然后也不上课。当然了，作为学生，那个时候我就会觉得老师不上课挺好的，觉得没有压力。他爱怎么吹做什么，我自己看我的书或怎样的。但是后面发现我上了一个学期下来，那个语法知识我<u>什</u>

么都没有学到。然后还是感觉自己内心不喜欢这样的老师,所以当老师也不要当这样的老师。所以我以前就说我如果要当老师我一定不要当这样的老师。

优秀的大英教师一定要善于协调,保持良好的课堂氛围(XS-2,XS-4,XS-30,XS-62),鼓励学生参与课堂活动(XS-22,XS-62),在教学过程中穿插人生哲理(XS-25),与学生保持融洽的师生关系(FT-5,FT-9),发挥高校教师育人的作用,为大学生指点迷津。

1. 我那个综合英语老师就是特别能够观察到全班每个同学的,比如说我,我以前就不爱说话,然后我就发现他上课会有意无意地,总喜欢喊我回答问题。后边我就觉得这个对我影响挺大的,因为他们就是真的会关心学生吧。就是特别为学生考虑的那种,像我考研都是他一直鼓励我考的。(FT-5)

2. 我感觉在他身上看到了一种耐心和这种真正的对于学生、对于教学的热爱。他上课的时候呢,就是一直都很有激情,很有热情,然后对学生都平易近人。这种态度也让我为之钦佩。他把学生真正当作了一个平等的关系吧。因为很多老师就是还是喜欢居高临下,所以他这种对于学生的态度我感觉对我影响也很深,就是也告诉自己,跟学生接触的时候还是应该是怎么样的一个态度。(FT-9)

值得注意的是,在与学生交流方面,部分受访教师(FT-A,FT-B,FT-5,FT-8)多次提到记住学生名字对学生的学习获得感和教师的教学效能感的影响非常明显,换言之,记住学生名字也是优秀大英教师的特质之一。

1. 我正好提问到一个词的时候,就喊他的名字,让他起来,当时他应该是很惊讶的感觉,可能他也没想到我能记得他的名字。然后这一次之后,剩下几次我就特意关注了一下,我觉得他还真是学英语认真了点,哈哈。(FT-A)

2. 我在××学院代课的时候,在他们班我记住了一个小孩的名字。我提了他，我没有拿点名册就提了他的名字叫他回答问题。到了晚上的时候他给我发 QQ 消息，说："老师，您是这么多年上大学以来第一个记住我名字的老师，特别感谢老师。"这是他给我发的一个消息。我觉得对他们应该是有影响的，要不然这个小孩不可能特别感激地跟我说"谢谢老师对我的关注"。可能就是您记住了某个学生的名字会<u>拉近您跟他之间的关系</u>，他觉得老师对我是关注的，关心的。（FT - B）

3. <u>我很能记住学生名字</u>，这一点我知道也是受我高中老师的启发的。因为我以前以为老师记不住名字，当老师记住我名字以后我就会很开心，然后他这堂课<u>我会很认真听</u>。（FT - 5）

4. 我是我上高中的时候，<u>我们高中班主任说过，作为一个老师要做的一件事情，除了上好课就是要记住学生的名字，可以拉近跟学生的距离</u>嘛。我印象最深刻的一件事就是有一次在群里说话，我就说我们班有女孩叫吴根晨（谐音），她名字非常难写，然后在群里说。我说吴根晨（谐音）刚才问我一个问题，然后她在群里感谢我，说："老师，谢谢您，您是第一个没有把我的名字写错的老师。"应该算是比较有成就感的一件事。（FT - 8）

梳理让大英教师有成就感的事件能够让他们体会到职业幸福感和获得感，了解自己的存在意义，即该群体对专业认同的认知态度。自我只有在与其他自我的明确关系中才能存在(Mead，2018：185)。访谈数据分析发现，大学英语教师的成就感首先主要来自课堂教学中学生肯定的反馈和积极的回应，如 FT - 6 说："大家都在听我讲课，我讲的就是值得的，我怎么辛苦备课也是值得的。"然而，"有的时候当你精心备一堂课，但是学生对你毫无回应的时候，你就会怀疑自己的价值"(FT - 10)。以下访谈节选更直观地表现了这一点。

1. 第一次课之前可能会有点紧张，后来准备得比较充分了之后，站在讲台上，我就觉得<u>好像这个讲台是属于我自己的</u>。然后呢，就是上课的时候，看着学生如果<u>目不转睛地盯着我</u>的话，我就觉得很有成就感。然后我就觉得这个事业这个职业啊，可能真的是冥冥之中注定了是属于我的职业，<u>我以前做外贸的时候也没有感觉那么有成就感，那么有自我价值的那种实现感</u>。我觉得那些学生就像是当年的在大学中的我自己，然后呢，我就<u>真的非常非常想要帮助他们</u>，不仅是帮着他们学习英语知识，因为英语知识以后可能是一个趋势，每个人必须要掌握的一门技能。同时要尽量地能够引导他们有一个不一样的人生。感觉看到他们，就好像看到自己一样，希望他们能够获得<u>一个成功的人生</u>，有机会的话，多去外面见识一下，拓展自己的视野，那么他们就会有不一样的人生。（FT-6）

2. 比如说上课的时候，如果学生跟我<u>互动很好的时候会有成就感</u>。因为很多学生基础还是不错的。然后呢，你会发现上课的时候他会<u>全神贯注</u>地看着。这个时候你就会（把课）上得更（好），然后可能就是觉得为了这些学生你都要<u>更充分</u>地来准备这个课，希望上得更精彩。（FT-9）

3. 满意的就是觉得有的时候<u>给学生上课</u>还是很有成就感，不满意的就是大多数时间没有成就感。我主要是觉得有的时候你精心备一堂课，但是学生对你<u>毫无回应</u>的时候，你就会怀疑自己的价值。（FT-10）

其次，大英教师的成就感来自学生参加比赛获奖或自己的论文、教学等得到肯定，FT-4 和 FT-8 受访教师的回答可以表明学生和自己取得的成绩能够带来直接的成就感。

1. 之前也带过学生去外研社参加比赛，学校让我们统一给那些报名的学生一个培训，后来就成为了一个学生的指导老师，带她去外研社<u>参加演讲比赛</u>，（成绩）还好。另外前两天参加外文学会的论文也评<u>了奖</u>，虽然不是很好，就是三等奖，但感觉还算是能促进自己，<u>能给自己一点动力</u>的一些东西吧。（FT-4）

2. 如果在工作上可能是上个星期，就是我的<u>公开课反馈不错</u>的情况下有成就感。还有第二件事就是，可能因为我自己现在做班主任，我对学生要求是比较严格的，我对其他班的学生可能没那么严格。上星期五晚上就发生了一件让我开心的事情，我学生，晚上都十点多了，给我打电话，特别兴奋地跟我说："老师，你知道吗？我们学院举行了一个比赛，叫风采杯英语演讲比赛，我拿了三等奖。"他特别激动，就很开心，要跟我分享这个消息，这个时候挺有成就感的。（FT-8）

总体来说，就新手教师而言，专业认同态度主要体现在职业选择、优秀的大英教师、成就感三个方面，即为什么选择做大学英语教师？怎么样才能做一个优秀的大英教师？做大英教师的成就感在哪里？对以上三个问题的考察可以看出大英新手教师的专业认同感主要来自被学生认可的幸福感和教学的成就感。"影响年轻人可塑心灵（the pliable mind）的权利为教师职业赋予了最大的责任感和最高的奖赏，赋予了教师职业一种真正的专业性。"（Roscoe，2014：163）教师专业性的提高同时也是专业认同提高的表现，其核心在于做大英教师能够为学生的成长和发展助力，找到教师专业的价值感，实现自己的教育梦想。这一点也在调查问卷的开放性问题的回答（表4-6）中得到印证。数据汇总分析（见表5-3）发现，入职0～3年的教师往往工作态度积极，"新手上路，热情满满"（71），有超过一半的受访教师对大学英语教师这份职业持肯定态度，要"认真踏实，教书育人"（174），"可以站在讲台上分享学习和生活的经历是一件很酷的事"（485），"是一份目前看来很让我满意的职业，教书育人带来的幸福感和成就感会促使我不断进步"（437），"是一份值得终生奋斗的事业"（238）。就入职4～6年的教师（见表5-4）而言，仍有接近一半的教师"喜欢做大学英语老师"（166），感到幸福（288）、自豪（302）、光荣（333）。第四位访谈教师也提到，"因为我很喜欢跟学生或是跟朋友在一起，分享一些生活体验。目前对我来说，教书就是一种很舒服的一种分享的过程。"（FT-4）这从调查问卷中的"我骄傲自己是大学英语教师"得到印证，分别有32.71%和43.55%的教师选择了"非常同意"和"比较同意"，有超过一半的教师对"我在教学中有成就感"持基本同意态度，有大约70%的教师同意"我享受大学英语教师这一职业",并有荣誉感。可见,新入职教师对个人作为大学英语教师的身份总体认同感较强,有一定成就感,这也在一定程度上印证了莱西(Lacey,1977:78)关于教师专业发展阶段中教师入职初期处于蜜月期的观点。

表 5-3　入职 0～3 年受访教师调查问卷开放性问题答案汇总

情感	积极 (18,54.55%)	消极 (7,21.22%)	复杂 (8,24.24%)
描述词	2 很开心,希望能在继续深造后再回到英语教师这个职业…… 8 需要终身学习,完善自己 33 学高为师,身正为范,不断学习才能成长 36 还未开始做科研是失职之处,今后要慢慢积累,为以后读博做铺垫 39 比较满意 48 挺好的 71 新手上路,热情满满,希望能够继续保持 99 与学生们共同进步,共同学习,学生也在激励我的进步 160 且行且学且投入,但求无愧于心 174 认真踏实,教书育人 238 是一份值得终生奋斗的事业 246 好 268/360 路漫漫其修远兮,吾将上下而求索 293 很享受也很喜欢我的职责 304 快乐 437 这是一份目前看来很让我满意的职业,教书育人带来的幸福感和成就感会促使我不断进步 485 可以站在讲台上分享学习和生活的经历是一件很酷的事	1 吃力不讨好 26 任务重,压力大 3 辛苦,未来的路很难走,只有硬着头皮上 140 责任重压力大 142 身不由己 163 钱少事多 169 累,特别累	22 任重道远 23 有苦也有乐 46 忙碌并快乐着 52 乐在其中,工资太低 334 如何科学管理时间分配教学和科研工作,将一直会是需要思考的问题 444 痛并快乐着 476 痛并快乐 535 累并快乐着,苦乐相随

表 5-4　入职 4~6 年受访教师调查问卷开放性问题答案汇总

情感	积极 (16,47.06%)	消极 (8,23.53%)	复杂 (10,29.41%)
描述词	57 与学生分享经历是快乐的 131 幸运,有责任做好这份职业 166 我喜欢做大学英语老师 167 与学生共同成长,不断进步 207 很荣幸自己是一名大学英语教师 227 用真心做有意义的事,希望学生有所收获 275 成就感,幸福 288 幸福 290 我很高兴能够成为一名大学英语教师 302 自豪 319 非常开心 333 光荣 400 能成为一名教师,感到非常光荣 470 基本满意 475 有自己的时间做自己想做的事情 501 传道授业解惑	6 目前是谋生的手段,空有一腔热情 38 学生越来越不爱学习,作为教师,很心酸无奈 216 越来越累,科研毫无头绪 436 干着工程师的活,拿着清洁工的待遇 478 没有成就感,尤其是当我受到来自中小学教师朋友的刺激时 492 付出不被认可多 528 累,泪 534 表面光鲜,受人尊敬,但其实很多时候很被动,成就感缺失	70 痛并快乐着 173 幸福并快乐 186 自由,但有压力 205 忙碌但却经常没成就感,渴求进步但苦于分身乏术 263 累并快乐着 264 自豪,但有时对学生和学校制度感到无奈 285 围城 329 快乐并痛苦着,骄傲成为一名大学英语教师 350 一般 388 累并快乐着

　　工作满意度和职业忠诚感是教师专业身份强弱的表征(Canrinus,2012),本书认同此观点。调研发现地方高校的大英教师有较高的职业忠诚感和幸福感,同时体现于调查问卷的结果(见表 5-5),即有离职倾向的教师仅约为 20%(数据来自题项 46 和 55),这与文灵玲(2015)的调研结果一致。部分新手教师能够较客观地看待自己的职业,"还没有(想辞职)这样的瞬间,因为我觉得干哪一行都不容易。在这里干着的有很多抱怨,可能在其他地方干着的,还有其他各个方面的抱怨"(FT-10)。在客观看待自己职业的同时,部分受访教师也有一定的职业追求和较高的自我认同,但是仍有发展困惑,正如第九位访谈教师所言:"我也很想得到自我,不可能就像这样平平常常,我不想只教一种(课程),不希望我的教育模式是一成不变的,我希望我是多变的,是可以符合各种群体的,可现在不知道怎么去把这个做起

来。"(FT－9)总之,本书研究结果与文灵玲(2015)的调研结果一致,即大学英语教师在入职初期有较高的认同感和发展期望,但同时自我效能感较低,有时候会有自我怀疑和困惑。

表 5－5　大学英语教师职业忠诚感和幸福感调查问卷部分数据

题　　项	A. 非常同意	B. 比较同意	C. 不确定	D. 比较不同意	E. 非常不同意
42. 我骄傲自己是大学英语教师。					
45. 我在教学中有成就感。					
46. 即使将来有其他更好的工作机会,我也不会离开大学英语教师岗位。					
47. 我享受大学英语教师这一职业。					
54. 作为大学英语教师,我有荣誉感。					
55. 我从未想过改行做其他职业。					
57. 我已厌倦大学英语教师这份职业。					
62. 我后悔进入大学英语教师队伍。					
63. 我对工作富有热情。					
64. 投入工作时,我感到幸福。					

5.1.2　大学英语新手教师教学认同

学生时代的经历是教师信念态度的主要根源之一（Richard & Lockhart,1994;Farrell & Ives,2015）。数据分析发现,大学英语新手教师对于教学的专业认同态度源自教学实习经历、学徒观察期的收获,进而形成自己对理想的大学英语课堂和地方本科高校大英教师任务的认知,即对专业教学实践和目标的认同,可见学徒观察是影响新手教师形成专业认同的因素之一。问卷调查中题项 10～14 是从教学和科研任务角度考察大学英语教师对自身专业发展的态度,其中题项 10 是对专业目标发展的总体看法,约40%的受访教师非常同意大学英语教师就是大学英语的教授者和研究者,表明相当一部分教师认识到教学和科研是自己专业生活的两大内容。但仍有7%左右的受访教师对此并不同意,这可能是因为该部分教师并未认识到科研对教学的意义。本书发现大学英语新手教师的教学人员子身份更为显著,科研人员子身份不够明显,与艾里逊和凯里(Allison & Carey,2007)、张立迎(2012)、文灵玲(2015)的研究结果一致,即新手教师普遍认为自己首先是教学人员,其次才是科研人员。本小节将梳理大学英语教师对于教学的专业认知态度。

首先,大英教师的教学认同来源于学生时代的教学实习或代课经历,正式入职之前的学徒观察为专业认同奠定了基础。部分大英教师毕业于师范院校或师范专业,高校课程设置中有教学实习的安排,让部分新手教师在学生时代能有机会站上讲台,这对形成大学英语课堂的认知有一定的促进作用。例如,本科教学实习给教师 A 留下了深刻印象,带来较大收获,他给笔者分享了他由紧张到慢慢自信的心路历程,"更多的是一种从理论到实践的一个过渡,稍微增加点自信心,稍微了解了一点真正的讲课是怎么一回事儿。有机会上讲台真正地体验一下当老师,而且是一个月的实习时间,其实也不算太短,有很多的机会可以跟其他老师交流,我觉得还是有用处的。"(FT - A)部分教师属于非师范专业,虽没有参加过统一的教学实习,在正式入职前也有代课的经历,为提高教学认知提供了一定基础。例如,教师 B 提到代课经历对她度过紧张期有一定作用。而教师 C 则坦言代课时由于"没有人指导,就是自己盲人摸象,觉得进步不多,只是一个经历而已"。第四位访谈教师提到:"基本上每一次的经历,不管你是教小朋友还是大朋友都是不同的积累吧,包括你站在讲台上需要考虑的这些东西,对现在教学还是有影响、有帮助的。其次就是针对不同的对象,你要考虑很多事情啊,比如要考虑到学生的学习状态,上课的时候也要考虑到很多,比如说时间管理,课程内容到底怎么样去分配等等。"(FT - 4)可见,针对师范专业学生开展的教学实习有助于培养其从教信心,增强职业体验。

其次,学生时代的教师和课堂对大英新手教师的专业教学认知有巨大影响。通过在学徒观察期感受不同教师的不同课堂,新手教师对自己做教师往往有一定的理想感知,尤其是教师具有个人魅力,课堂气氛活跃的课堂往往是新手教师的教学理想。例如,教师 C 谈到自己大学的文学老师时说:"他上课幽默风趣,深入浅出地讲文学方面的知识。除了上课讲知识之外,他会经常讲女孩子应该多读书,女孩子应该如何提升自己这些,对我影响真的特别大。我们只要上他的课(课堂氛围)就处于比较热烈(的状态),就希望自己在上课的过程当中也是这样的",认为"如果老师比较有趣的话,学生的专注力就会好",所以她在课堂上"会想尽可能地让他们能最多地集中注意力(学习)"(FT‐C)。新手教师在勾画理想课堂的同时也意识到自己的不足,正如第九位访谈教师所言:"我一直就想着要去成为我大学时很崇敬的两位老师这样子,然后现在因为自己才踏入这个工作岗位,实在是精力有限,提升的空间还很大,感觉自己还是做得不够,就还得继续努力。"(FT‐9)新手教师会努力避免某些不良教学行为和方式。例如,第五位访谈教师在提到大学语法老师时说:"我以前上大学的时候特别讨厌我们一个语法老师,就上课(时候)他老跟我们吹牛,然后也不上课。所以我以前就说我如果要当老师我一定不要当这样的老师。"(FT‐5)总之,大英新手教师对于教学的认知和判断会受到学徒观察期教师的影响,恰如第六位教师概括的那样:"当时我在做学生的时候我就在想,到底哪个学校哪个老师讲课的风格我比较喜欢。哪个老师讲课我不愿意听,为什么我不愿意听,或许是因为他讲得太枯燥了,如果他换一种方式讲,或许我就能愿意听。"(FT‐6)他们通过对以往教师的观察和判断形成自己对于教学的认知和态度。

再次,大英新手教师的专业教学目标认同源自该群体教师理想的大学英语课堂的感知和对教学任务与目标的理解。访谈数据分析发现绝大多数新手教师理想的大英课堂最明显的特征是师生的积极互动,即学生是影响课堂氛围最大的人为因素(FT‐1,FT‐4,FT‐5,FT‐8,FT‐9,FT‐10),在一定程度上印证了托马斯和波查普(Thomas & Beauchamp, 2011)的研究结果,即教师自我最大的表征是对于学生的支持,学生是教师专业认同形成的重要因素。然而,现实与理想总是有差距,尤其是地方院校的学生英语基础薄弱,学习兴趣不足,这种反差尤为明显。正如第一位访谈教师所言:

"他们都能参与、都能互动，即使他是不会的状态，说的都是不对的，只要能参与进来，我觉就是最理想的一个状态。"第四位访谈教师说最理想的课堂"那一定是作为老师的我和作为学生的他们一直在互动，而且他们到最后的时候，我所让他们操练的那些不管是语法点，还是那些技能上面的东西都能掌握，这个就是最理想的了"。第十位访谈教师也提到了学生参与的重要性："我说的就是老师尽量少说，然后一直都是在与学生交流。因为我觉得有的时候学生的思想，学生想到某个点是老师想不到的。我觉得（理想状态）应该就是这样的。"（FT‐10）就如何增加师生互动而言，第五位访谈教师提到要选取让学生感兴趣的教学材料，"这些内容视频也好，音频也好，总之就是学生对这个东西很感兴趣，而且还会学到东西，就是相当于全班百分之九十以上的学生都可以参与进来，完全地融入这个课堂"（FT‐5）。第八位访谈教师谈到了课堂教学用语对师生互动的影响，鉴于她所在学校的学生情况，多说一点中文就会互动多一点。

1. 就目前我自己听的课来讲，想把英语课上得有意思，让学生跟你互动性强，其实难度是比较大的，尤其在我们现在这个学校。我自己也尝试过，什么样的问题呢？就是说<u>中文多一点，学生的互动要强一些，说英文多一点，互动就弱一些</u>。（FT‐8）

2. 非常失望的一节课就是让学生们起来读这个做好的课后习题，做好了让他们起来读一遍翻译一遍。那么这个班应该至少七八十人吧，可能大概有三四个人回答了之后吧，就<u>没有人举手</u>了。然后呢，当时我就说如果<u>没有人举手</u>，那我就自己说了。其实我没有表现出来<u>我有点生气</u>，但是我内心就觉得这个东西已经布置下去了，而且你们都做了，为什么还没有人起来读这个东西呢？<u>我后来想了一想</u>，可能是因为我要求学生们翻译，他们会觉得我这个要求还是有点高吧。（FT‐9）

3. 最担心发生的就是这种，<u>没有任何一个人回应你</u>，然后低着头。我觉得这个有传染性啊。就是如果一个班的学生是这样的，哪怕那些本来还算是比较积极的，他们可能也会觉得"哎呀，我<u>也不要出风头</u>"，他们本来想说也不会说了。我觉得<u>班风</u>是很重要的，就是同样的课,老师肯定不会有偏向的,但是你在每个班里上课的那种<u>成就</u><u>感完全是不一样的</u>。(FT - 10)

第六位访谈教师认为,理想的大英课堂还具备另一个特征,就是教师不仅要传授语言知识,还要穿插跨文化背景知识,增加课堂的趣味性,保持较轻松的课堂氛围。

> (最理想的课堂)就是啊,不仅能教授课本上的知识。同时呢,要尽量穿插一些文化知识,这样学生不仅能学到<u>语言知识</u>。<u>加上文化知识</u>能够让他们更好地理解这门语言,他们可能会更加有兴趣一点点。然后再<u>增加一点课堂上的趣味性</u>,让课堂轻松活泼一点,不然的话语言太枯燥了,就像我自己学语言也是的,单独学语言是非常枯燥的一件事情。(FT - 6)

大英新手教师对于教学任务的理解也是构成其专业目标认同的内容之一。绝大多数的受访教师观点基本一致,即教师的主要任务是帮助学生提高英语技能(FT - 1,FT - 4,FT - 5,FT - 6,FT - 9,FT - 10),尤其是听说技能(FT - 6)和专业英语技能(FT - 4),提高英语的工具性作用。也有部分教师强调大学英语教学的目标还应包括帮助学生建立英语的知识体系(FT - 8),注重英语的人文性价值(FT - 1,FT - 6),教学内容适当融入跨文化知识(FT - 1),培养学生的国际视野(FT - 6),让他们成为服务地方经济和社会发展的综合性人才。就地方本科院校大学英语的教学目标而言,部分教师指出,地方本科高校应该培养应用型人才,提高学生的听说能力,这与束定芳(2013)的观点一致,即一般院校应以培养学生的职业英语技能和交际英语技能为重点。这在调查问卷中也得到证实,其中专业目标维度设置七个题项,试图了解大学英语教师对专业目标的看法。题项 8 和 9 是从教学视角对教师对学生英语学习的期望目标,其中接近 60% 的受访教师对帮助学生了解英语国家的文化是大学英语教师的重要任务表示非常同意,仅有不足 3% 的受访教师不同意,表明他们把跨文化教学作为教学的重要考虑因素;仅有不足 30% 的教师对帮助学生提高用英语写专业论文的能力是大学英语教师的重要任务表示非常同意,另有多于 40% 的教师比较同意,表明地方本科院校多数大学英语教师已经意识到学术英语教学对学生专业发展的意义。

1. 我觉得主要是培养职业的技能、专业的技能,其实因为我是一个大学英语老师嘛,就从我的角度看来,我希望这门课能够给学生带来这么<u>两个收获</u>吧。<u>第一个就是教会他们学习英语的方法</u>。其实很多学生都说学习英语没有用,或者是将来用不到,但是就是很多时候,并不是说你觉得将来用不到你就不学,而是因为你没有学,所以你就没有用到它的资格和权利了,所以就希望他们能够掌握这种方法,将来有一天需要的时候,能够知道自己如何自学。因为将来进入社会以后,不可能随时随地都有老师来帮助自己了。如果说将来哪一天他们要考研啊,或者想要考公务员了,又需要在工作场合里面用到这个技能,就知道怎么再把这个英语捡起来就行了。然后<u>再一个就是啊,跨文化交际的问题</u>,我个人觉得这一块特别重要。因为可能我觉得以前的时候没想过这一点,开始上这个大学英语课之后我觉得学生想法非常的狭隘。总觉得就是好像我的人生只有这么一条路可以走,就是我在这个学校毕业了,之后回到我的家乡,什么××(地名)啊,什么××(地名)啊,回去跟我的父母在一起,然后考公务员或者是什么选调生啊,各种各样的,再考教师资格证什么的,因为我们学校比较好的专业就是学前教育这块,就是进入幼儿园啊什么的,他们没有<u>想过自己的人生</u>可能还有其他的可能性。大概就是这种教育吧,虽然我们只是一个公共课程,但我觉得可能大学里面所有的课程都应该包含这个内容吧,也就是<u>让学生看到这个世界的一个多样性</u>。(FT‐1)

2. 让学生更好地掌握这些工具吧,技能上面。地方性大学可能就更多的以工具性和人文性相结合。当然可能会<u>以工具性为主</u>。首先我说工具的话,那你得去使用,不是像这些语法点什么的,还有这些字词,这都是要学生自己课下要准备的很多东西,然后你上课的时候可能更多的是要跟他讲那种情境下怎么使用英语。我现在带的学生都是那种什么艺术体育的,所以可能像现在提的<u>一些 ESP</u>,比如体育上面的,或者是他们艺术上要欣赏一些美术作品什么的,可能跟这些结合得更紧密点，包括做的一些练习，做一些什么会话呀情境的对话呀都是为了让他们能得到更多开口说英语的机会，知道怎么样去更好地使用。（FT-4）

3. 其实说实话，我这些年在教英语，我也一直在想到底要教他们什么。然后也在问学生，你们想学英语是想干嘛，我也做过调查，然后我觉得其实我的学生百分之九十以上的，都是说他们想<u>说英语</u>，就是想学会另一门语言嘛。（FT-5）

4. 目前我们学校官方讲的是培养<u>具有国际视野的</u><u>应用型人才</u>。我觉得官方这个说法挺好的，确实是挺适合这个社会发展趋势的。首先第一就是<u>英语技能</u>，因为英语是必不可少的。如果你想要有全球视野的话，那么必须掌握一门国际通用的语言，那么就是以英语为主。首先我们去教他们的英语技能，<u>英语实际的</u><u>应用能力</u>，因为现在的非英语专业大学生，其实他们的那个听说能力是非常差的，他们的读写能力可能比较强一点的，但是他们的听说能力是非常的差，根本就是说听不懂，也说不出来。所以要具有国际视野的话，光看得懂没有太大的用，那些是间接的，最直接的就是你的<u>听说能力</u>。如果真的是遇到一个什么国际项目需要你去参与的话，一个外宾需要你去接待的话，你不会英语，你不会说你也听不懂，那是没有用的。你不能成为一个国际性的人才。我觉得英语的听说是非常重要的。其次的话，就需要掌握他们<u>自己的专业</u>，必须要把他们的专业学精了，才可以成为本专业的一个非常<u>高精尖的技术人才</u>，那么我能做的是什么？专业知识我做不到，我没有办法帮到他们，<u>我只能帮他们英语技能这一块</u>，或者是我能够引导他们去拓展课堂上，或许我会讲一些就是<u>关于国外的一些知识</u>，<u>一些经验</u>，然后呢，去拓宽他们的视野，让他们多去了解<u>西方的一些文化</u>，他们就能够 open-minded 一点点，就能更多地去包容西方的一些跟我们不一样的习俗或者是一些习惯。（FT-6）

5. 我觉得现在学生可能他们整个英语思维和体系都没有建立出来。对于学生来说，你的课程应该是个<u>正金字塔形</u>。在第一年的时候，

肯定是语言点多一些,第二个要传递信息,第三个才是建构一个体系。(FT-8)

6. 培养的人才,我觉得还是应该综合性人才吧。综合性人才就比如说他自己的这个专业知识要过关,比如他学的自己的本专业肯定要过关;那么第二个,学习本专业之外,他工作的时候在外面出差的时候见到一些不同国家的人,他可以交流得起来。我觉得应该还是培养学生对英语的兴趣。老师有责任提高每位学生的能力,他至少词汇量要扩大吧,阅读能力要提高吧,写作水平要提高吧。(我们)就是帮助学生爱上英语,提高英语学习兴趣,然后呢,提高英语水平。(FT-9)

7. 我觉得首先应该让他们认识到这个英语的重要性。之后我觉得就是应该要教会他们这种学习英语的方法,我觉得这应该是很重要的。在其他方面,如果给一个正确的指导方向,也是挺好的。我平常课间的时候也会和他们聊一些事情,包括学生也会向我咨询比如说考研呀,然后考什么教师资格证啊。当然我也会就以自己的经验给他们一点点建议吧。(FT-10)

5.1.3 大学英语新手教师科研认同

科研认同是指教师对写论文和做课题的态度。就对科研的态度而言,大多数大英新手教师都能认识到科研对于促进教学、提升个人素养的重要性,对发表论文、申报项目持积极态度。例如,有教师指出,做研究"有助于寻找教学中所遇到的问题"(XS-13),"对日常教学有促进作用"(XS-2),"对课堂授课具有重要作用"(XS-4),能够"让自己保持知识的更新"(XS-30),"对教学和个人学术提高很有帮助"(XS-94),"是自我提升的重要途径"(XS-81),"有利于自己的职业成长"(XS-68)。部分教师也认识到了做科研并非易事,共有 11 人次(XS-9,XS-19,XS-22,XS-25,XS-62,XS-67,XS-72,XS-81,XS-82,XS-94,XS-109)认为不容易,非常难,发表论文"需要有一块完整的时间静下心来慢慢写"(XS-10),做研究"需要静下心来"(XS-109)。

　　分析调查问卷的主观题答案发现,入职 0~3 年的新手教师有专业学习的意愿和压力,即认识到作为大英教师坚持学习、做科研的重要性。例如,有教师提到"需要终身学习,完善自己"(8),"学高为师,身正为范。不断学习才能成长"(33),"且行且学且投入"(160),"还未开始做科研是失职之处,今后要慢慢积累,为以后读博做铺垫"(36)等。他们同时也意识到专业发展的压力,例如,有教师提出"如何科学管理时间、恰当分配教学和科研工作将一直会是需要思考的问题"(334)。可见,新入职教师由于主客观方面的原因,其科研认同感仍不强,其对科研的认知首先是已经认识到通过专业学习进行学术科研活动进而提高专业认同的意义,具有一定的专业发展意识。例如,第八位访谈教师硕士学习专业是教育学,对于自己的专业背景知识感到欠缺,目前对于读博、做科研的目标尚未明确,"自己觉得是有欠缺的,因为我自己心里没有底,毕竟硕士不是读英语方向"。第九位访谈教师也认识到了科研的重要性,指出"科研这块目前不知道问谁,也不知道问啥,有一定紧迫感和危机感"(FT‑9)。其次,新手教师也意识到做科研需要时间的投入和教学的积淀。例如,第一位访谈教师正在申请攻读国外高校的博士学位,谈到教学比赛时表示自己不想报名参加,因为准备赛事要投入大量本可以用来学习、做科研的时间。第二位访谈教师则称"新入职的老师应该是努力地提高自己的教学经验吧,积累些教学经验,以教学为主,科研就先不说了"(FT‑2)。第三位访谈教师则明确认识到科研源自教学实践,二者密不可分,因此"现在有意识地把精力放在教学上,一方面为了做研究,一方面也是为了个人的成长"(FT‑3)。再次,不少新手教师一方面表达了进修、读博的愿望,认为进一步学习是提升科研能力的重要途径;另一方面能够客观地认识到读博、做科研的难度,理性地对待发表论文等科研活动。

1. 其实我刚来的那一年特别急(读博),特别想要干这件事啊,现在反而没有当初那么急了吧,就是想要东西都积累出来之后再尽可能申请吧,总得把该做的事都做了,得按部就班,不能太超前自己能达到的那个位置。后来我就觉得文章没有发出来,该做的研究没有做好,即使去了也不一定能 hold 住。(FT‑1)

2. 如果读博士对我评职称没有很大帮助的话,我或许不一定会读,因为去读博士也就是搞研究,也就是写一篇博士论文再发表。如果我能够写文章,然后能够顺利发表的话啊,读不读博没有太大的影响啊。但是我们学校发文章不太好发,(如果作者的单位)写上我们学校名字的话。如果实在不行的话,或许我呢,我会考虑就是读一个稍微好一点的学校的博士,或者是去国外读那种远程的博士,然后呢,该发表文章发表文章。(FT‑6)

3. 感觉现在在高校,没有博士学位的话很难生存下去了。而且关键是现在觉得自己还比较年轻吧,感觉好像要是现在就这么结束了,还有点不甘心,但是还有点恐惧,害怕读不出来。(FT‑10)

总之,大英新手教师一方面认识到了高校教师做科研的重要性和紧迫性,另一方面又深感自己在专业积累方面的不足,面临科研认同的困惑,亟须专业指导、合作研究、进修深造。

5.2　大学英语新手教师专业认同实践

本节基于前文的数据分析,从"教学实践"和"科研实践"两个方面梳理大学英语新手教师专业认同实践。

5.2.1　大学英语新手教师教学实践

大学英语新手教师入职初期或承担较多课时任务,或同时负责一些行政事务,如担任辅导员。仅就教学准备而言,大英教师备课投入很多时间(FT‑A,FT‑B,FT‑2,FT‑4,FT‑5,FT‑9,FT‑10),如先导访谈中教师A提到"(教材)难度倒是不大,但是第一次教大学课程,也是想教好一点,想备得充分一点"。教师B每个教学单元的备课时间都在三四个小时,"要考虑让学生如何找到这个答案,告诉他们怎么找到答案的技巧"。

1. 一般情况下可能,(备课时间)也不等,有的时候比如说这篇文章我觉得还有一些可以挖掘的东西的话,我可能会补充一点东西。通常情况,我最花时间的地方是上网找东西,就是我突然想到这个东西可以用,我曾经看过的一个视频或者看过的音频或是一段演讲或是一段 quotation,谁说过的话,可能我会<u>找半天</u>,就这个时间会比较多一点。(FT-4)

2. 刚开始的时候备课会<u>花费很多时间</u>,每个单元的每一部分、每一个单词我都会很认真,因为害怕万一哪个单词读错了、语言点讲错了学生会不信任我,从而会不愿意听课,会对自己的课评价不好。清楚地记得那时候同事对我说的最多的一句话就是,怎么时时看见我都是在备课,但慢慢地到现在,备课时间不会那么长了,每次都是假期备好一学期的课,然后讲每个单元之前再浏览一遍本单元内容,查找相关资料,基本就这样了。(FT-5)

3. 我自己上课的话,每个单元都有个主题,那么这个主题呢,我会找<u>很多视频</u>,可能还有一些音频,甚至说还有一些图片,那么音频应该是涉及各个领域。我就希<u>望他觉得英语这个东西好像在方方面面都有用</u>,然后呢,他认识到还能通过学习英语<u>提升个人的一些见解</u>。(FT-9)

4. 每次就是备课的时候啊,都会想着,哎,<u>我要设计个什么样的环节能够调动他们</u>,可是<u>每次都达不到预期的效果</u>,就是你无论怎么样精心设计,他们都不会给你任何的回应。我觉得读写译好像要比听力备课花的时间要长很多,因为其实听力在课上主要还是给他们练习吧,但读写,你像一整篇文章,我们现在文章也很长,所以我还是备课时间花的比较长一些。我看完课文之后,会思考在哪一个地方给他们<u>设置一个什么样的环节</u>,然后再给他们加上。或者某个知识点没有提到的我也再加上。我可能会把整个课件的<u>顺序</u>也做一个调整。因为我之前尝试过<u>完全是自己制作 PPT,但是似乎现在不大可能</u>,因为真的是太需要时间啊,再加上我是两门课。(FT-10)

　　新手教师满怀希望入职,投入大量时间选材备课,"可是现在几乎我们的课堂就是老师在扯着嗓子喊,然后下面没有任何回应"(FT-10)。面临所在院校的学生和课堂现实,新手教师往往经历的现实冲击(reality shock)

(Veenman，1984)的困惑与尴尬。正如第一位访谈教师与笔者分享的那样，她入职的第一年之内经历了从紧张、兴奋到费劲、挫败的过程，又通过个人反思认识到"这些刚刚毕业的人就是可能有的时候期望值太高了，脱离现实，就会导致现在这样子""一定要先从自己身上找原因，慢慢地把这个东西调适过来，而且不要那么完美主义"(FT－1)。可见，新手教师在入职初期的教学实践中能够不断反思，改进教学实践。教学实践活动是大学英语新手教师专业认同活动层面的直接体现，以下将具体分析大英新手教师的专业实践活动现状。

　　学生们对于大学英语这个课程特别<u>不重视</u>。其实要说这个好一点的学生和稍微水平差一点的学生之间的区别，在教学当中可能体现的不是特别明显，主要就是他们对于学习的一个态度。很多学生，以前我教的学生，去年一整年要调动他们的一个<u>积极性</u>，真的是<u>太费劲</u>了。上课之前肯定是有一个预期的教学效果的，但是<u>永远都达不到自己预期</u>的那种效果，还是比较有<u>挫败感</u>的。一天要上六节上三个班，一般就是到第三个班的时候，基本上<u>心态已经崩了</u>。但是后来我自己为什么慢慢地<u>调整过来</u>了……很多时候他们不是不想学，而是可能真的就是<u>跟不上</u>。他们根本就表达不出来自己跟不上，<u>有困难也不会去说</u>，他不会去想要去找老师寻求帮助，就好像找老师寻求帮助，就否认了自己一个identity的那种感觉。他们总会把老师放到自己的对立面，表现出一种不在乎来掩盖自己那种学不会的<u>失落</u>。可能<u>我没有什么经验</u>，有的时候就会忽略了这一点，没有考虑到学生的心情，总是从自己的角度去出发，觉得我讲的这个内容这么简单，为什么你们还不会，还跟不上。但是有的时候老师认为的难点和学生认为的难点之间一定是有一个落差的，所以我觉得教学效果不好，绝对不能再从学生身上找原因，<u>一定要先从自己身上找原因</u>，慢慢地把这个东西调整过来，<u>而且不要那么完美主义</u>。我们这些刚刚毕业的人可能有的时候期望值太高了，脱离现实，就会导致现在这个样子。刚毕业的学生脑子里面都是<u>乌托邦</u>，老想去实现自己那些所谓的很理想的东西，实际上现实不是这样子的，真正去做的时候才能感觉到。可能(我们)就要从他们的角度出发，<u>了解他们</u>

的一个困难,这样学生也会慢慢觉得好像你是为他去考虑的,而不是总是向他去灌输一些你自己的想法。慢慢地,他可能也会打开心扉,也会说一些他自己的想法和需求。(FT-1)

访谈数据中共提取课堂内实践和课堂外实践两个一级主题(见表5-6),课堂内实践又包括课堂管理、教学内容和教学策略三个二级主题,课堂外实践又包括教学反思、同事互动、师生互动三个二级主题。本节将基于数据中提取的主题分析受访教师在专业认同建构的教学实践中存在的困惑和实施的行为。

表 5-6　课堂内教学实践数据编码表节选

原 始 数 据	初级编码	主题提取
1. 我现在有点"十年怕井绳"的那种感觉,就是怕没给学生立好规矩,然后他之后就会缺少一些必要的尊重。一般就是刚开学的第一节课的时候,我都会花一节课时间跟他们说这个问题。(FT-1)		
2. 课堂管理比较耗时间。(管)纪律也有,然后包括还要去怎么样更有效地让学生的注意力回到我身上来,可能要多花点心思在这个上面。(FT-4)	课堂管理	
3. 我就不让他们看手机啊,我就会告诉他们看手机会有哪些危害。不要成天沉迷手机,让他们多花些时间放在学习上,会尽量地首先批评他们,然后再鼓励他们,实在不行的话,有一次我就下令说上课不许看手机,看手机的话扣一分。(FT-6)		课堂内教学实践
1. 课文导入部分的活动,我觉得有必要给大家做一个口语活动就会设计一下,并且把活动控制在我能完成的范围之内。有时候这个学生想要表达,但羞于表达,我会下去让他说一下,增加他的自信心。一些回答不好的学生,我也会先表扬他,然后指出一些错误,害怕打击学生的积极性。(FT-B)	教学策略	
2. 我听了他们的课之后就觉得在课堂当中穿插提问是特别有效的一个事情。只有你提问他的时候,他才会保持一种紧张感,紧张感是促使他去认真听课、参与课堂互动的一个非常大的因素。(FT-1)		

续　表

原　始　数　据	初级编码	主题提取
3. 我应该在班上让班干部树立好自己的形象,我说如果这个问题没有人回答,请班干部一定要主动回答,或者说你班干部在做活动的时候,就应该去多多地去组织好这个互动。(FT-9)	教学策略	课堂内教学实践
1. 我会在考试之前,或者说是平时上课,只要我的课程任务完成了,我也会讲一些(四级)。就是让他们去背那些背单词,听力也是在(做),其实也是为了积累,你像单词我让他们背四级的嘛。(FT-5)	教学内容	
2. 我在课堂上也是尽量多做一些这样的课堂上的活动,比如说让他们做一个汇报。最近讲的是旅游话题,我会让他们用英语做一个旅游的计划,就是让他们全部用英语做一个PPT,然后用英语在课堂表现表达出来,展示给其他同学听,那么这样的话,我就会多带带他们听说的这么一种能力。(FT-6)		
3. 我觉得应该给学生一个理论支撑,然后再划分段落,而不是笼统地说你们自己读一下呀,给我一个它的结构,我觉得不应该是这样的,而是应该首先给学生一个支撑和框架以后,他们才能够做好一件事情。(FT-8)		

就课堂内实践而言,大多数新手大英教师能够较有效地进行课堂管理,实施一定的教学策略,组织课堂内容(见表5-6)。但是由于班级规模过大,学生英语基础薄弱,经常会发生学生走神开小差或偷偷玩手机等情况(FT-3,FT-6),新手教师可以通过学期初给学生立规矩(FT-1),以提醒和激励为主地调动学生的学习积极性(FT-B,FT-C,FT-3,FT-8,FT-9),开展小组汇报的学习活动等方式在最大程度上调动学生的课堂学习积极性(FT-4),引导学生开口说英语,参与课堂活动(FT-B,FT-C)。教师的教学实践反映其知识和信念(Richards & Lockhart,1994)。就教学策略而言,大学英语新手教师得益于学生时代的学徒观察和自己的专业素养,能够运用一定的课堂教学策略,如通过提问调节课堂气氛,与学生积极互动,吸引学生的注意力,并且在反馈时给予学生相对积极的评价(FT-B,FT-C,

FT-3,FT-8,FT-9),课堂上开展多样化的口语活动(FT-B,FT-C,FT-5,FT-6),教学语言中英文交替使用(FT-1,FT-4,FT-8),黑板板书和幻灯片课件相结合(FT-8),充分发挥学生干部的积极带头作用(FT-9)等。课堂提问是大部分新手教师常用的教学策略。例如,教师 A 有意识地运用形成性评价机制激励学生主动参与课堂讨论,"采用一些计分,谁主动回答就给他/她记上一笔"。而教师 B 特别注重践行师生平等的理念,鼓励学生积极回答问题。先导访谈中教师 C 也提到"如果课堂气氛不怎么好的话,我会利用提问来让课堂气氛更好一点。如果(教材)提供的口语活动学生感兴趣,我就会引导他们,让他们更愿意做这个口语活动。还是想尽可能地让他们能最多地集中注意力,集中精力来学习",不仅积极开展互动教学,同时强调让学生"学干货"。第八位访谈教师谈道:"不是有打平时成绩嘛,如果是自己主动起来回答问题,我给他 A+。这是我当时上课的时候就讲好的条件,学生在这方面很积极的。"(FT-8)"volunteer 是加分的,只要你 volunteer 就加分。每堂课都那么几个人 volunteer,因为他们为了平时成绩。"(FT-9)适当增加英语的语言输入也是新手教师常用的教学策略之一。例如,第一位访谈教师上课时有意识地多用英文作为教学用语(如教学指令或反馈等),增加学生的"输入",并善于引导学生开口说英语。第四位访谈教师认为,"不管学生听不听得懂",都要"给学生输入,这也是一个需要给他们补充的地方",因此"都会坚持说一到两遍,并且语速比较慢",学生听不懂的时候可以"再用中文重复一遍"。

　　就教学内容而言,大学英语新手教师把主要精力用在保证课时进度、完成课时任务上。将学生英语没学好归咎于大学英语教师是不公平的,持这种观点的人缺乏全面、客观的考虑。正如米歇尔和萨克尼(Mitchell & Sackney, 2011：145)所言,当大部分关键决定(key decisions)都是他人所做的时候,大多数教师在如何开展教学上就没有很大自由了。部分大学英语教师坦言,由于有统一的教学大纲、教学计划进度和考试安排,他们备课、上课的自由度很有限,上课时只能匆忙完成课时任务,无暇顾及其他内容。教学目标主要着眼于提高学生的英语语言技能(FT-C,FT-1,FT-3,FT-6),通过分享自己的语言学习方法(FT-1,FT-3,FT-10)帮助学生夯实词汇基础,提高阅读、听力、口语等能力。这与文灵玲(2015:110)的调研结果一致,即大学英语教师的首要责任是大学英语教学,培养学生的英语语言技能,传授英语相关的知识和英语学习的方法。例如,第一位访谈教师在课程最开始阶段,也是学生注意力集中的时间进行听力或者口语练习,增加广播或与单元主题相关的电影片段,帮助学生强化重点单词的同时确保整体进度与大纲保持一致,并根据每个班级学生的接受情况调整教学内容,增加部分其他内容。第十位教师尤其重视词汇教学,"花在词汇方面的时间比较多",反映其教学实践与理念的一致性。他们还从大学英语四级考试的需求出发,在完成课时任务的基础上增加部分四级应试技巧等内容(FT-1,FT-5,FT-6,FT-10)。例如,第六位访谈教师特别注重训练学生的英语听说能力,在课堂上要求学生用英语做报告,课下要求学生通过收听国外媒体报道练习英语听力,同时训练学生的阅读速度和答题的准确度。因为"他们要考大学英语四、六级,阅读占很大一部分,所以我就是有针对性地去训练他们"(FT-6)。部分教师也提到大学英语教学还要注重提高学生的人文素养(FT-1,FT-3,FT-9),开拓其国际视野,增强学生发现问题、解决问题的能力,"加强对自我的认知""改善对未来的规划"(FT-9)。

就课堂外教学实践(见表5-7)而言,大学英语新手教师大多能够做到坚持英语语言学习(FT-1,FT-3,FT-4,FT-5,FT-6,FT-9,FT-10),不断反思教学(FT-A,FT-B,FT-C,FT-1,FT-3,FT-9,FT-10),同时加强与熟手教师同事的交流(FT-A,FT-B,FT-C,FT-1,FT-3,FT-5,FT-6,FT-9,FT-10),主动参与听课活动(FT-C,FT-1,FT-6,FT-8,FT-10),保持与学生的课下交流互动(FT-3)。就语言学习而言,新手教师一方面是出于个人对英语学习的兴趣和习惯(FT-1,FT-5,FT-6)不断提高自己的英语语言技能,适应学生的需求,另一方面是为了给教学提供新鲜素材(FT-3,FT-4,FT-9,FT-10)。正如第一位访谈教师所言:"可能今天刚好看哪个电影,这个单词出现了,然后这个场景特别合适,就会把这一块截下来放给他们看。"自己学习的同时不断挖掘新的教学素材注入课堂教学,从而吸引学生参与课堂互动,提高教学效能感。

表 5-7　课堂外教学实践数据编码表节选

原　始　数　据	初级编码	主题提取
1. 我就是喜欢看美剧,看美剧也是为了提高自己的英语听力和口语,这是实话,我就是喜欢。看英语原著是因为我喜欢文学作品。看英语文学作品是因为我就是学这个专业的,那么我就选择文学作品的原著来看。(FT-6)	语言学习	课堂外教学实践
2. 当我想再往里面深究的时候我就发现自己可能能力不够、讲的不够好,所以希望可以再多学点东西。希望以后上课的时候能够更有魅力吧,或者说我的课上得更好、更完整。(FT-9)		
3. 学无止境啊。我觉得如果我们自身不提高的话,怎么把知识给学生呀。(FT-10)		
1. 有的时候一节课进行下来,稍微有一点点死气沉沉,效果不太好的话,我就会有一点懊恼。会在反思,是不是我哪个地方做得不太好。我也有一个小本专门记录上课过程中遇到的问题,然后总结一些经验。没有(反思)总结,我觉得还会犯一些错误。(FT-B)	教学反思	
2. 当时我就觉得反正挺内疚的,我觉得这个班里面其实应该就算是百分之九十九的人都不听,只要有一个学生在认真听,就应该百分之百地去发挥去讲好。但是我只是关注那些特别不认真的同学,让这些同学影响我的情绪,其实这是很不成熟的一种行为。事后也就反思了自己吧,然后就觉得还挺内疚的。(FT-1)		
3. 我觉得教师教学的过程就是一个反思的过程。你每天教完课,很开心,或是你有哪些点。就有时候不记点吧,我也会在日记上标出来,或者把这件事写出来。(FT-3)		
1. 我觉得(与同事)交流的还挺多的,平时除了开会也有些其他的活动。我们都在南校上课,所以见面非常频繁,基本上每天都能见。我有不明白的,或者这个地方怎么讲啊,或者进度到哪里啊,都能这么(交流),也不会专门开会。(FT-A)	同行交流	
2. 我们教研室主任也都特别照顾我,如果我有什么困难,有什么问题不懂的,我就会问他,他都会非常详细地跟我解释。所以我觉得都挺好的。(FT-6)		

原　始　数　据	初级编码	主题提取
3. (同事们)就是感觉很亲切,以前的时候,老是认为自己刚来嘛,可能有些老师,就比如说年龄大的老师啊,可能就会有些架子或者什么的。现在发现完全没有,我们<u>交流完全没有障碍</u>,都挺好的,而且老师<u>也挺照顾我们</u>。(FT-10)	同行交流	课堂外教学实践
1. 他讲得<u>比较新颖的地方</u>,我觉得挺好的,也会采纳。我就会觉得<u>这个老师这个地方特别特别好</u>,但是真到自己上课的时候反而利用不起来,也是我自己一直<u>比较困惑</u>的地方吧。(FT-C)	参与听课	
2. 我关注过很多公众号经常发<u>一些教学</u>比赛的视频。有时候会拿出来看看,然后我有时候自己会记点笔记什么的。(FT-4)		
3. 我觉得作为一个老师,首先应该把讲台站稳,把课上好,我是第一次接触大学英语课,那对我来讲呢,肯定<u>听课是我必须要做的一件事情啊</u>。(FT-8)		
1. 想要了解关于英语学习的一些知识,可以(班级 QQ 群)<u>交流嘛</u>。我也愿意跟他们<u>分享</u>一些英语的东西,看到网上一些好的英语的(文章)就会在这个群说一下。(FT-A)	师生互动	
2. 可能有一些<u>学生</u>也是跟我一样的经历,这样就可以<u>帮助他们少走弯路</u>,如果他们也是和我一样选择了不正确的学习方法的话,我看到了也会跟他们说,或者是在讲某一些专题的时候,比如说词汇或者是备考的时候,也会跟他们分享一下我自己的经验。(FT-1)		
3. 不管你是课上啊,还是下课跟他聊什么,就是为了一个目的——<u>拉近跟学生的距离</u>。我跟学生聊天主要是为了让他们知道我其实更想要去<u>亲近他们</u>。这样他们在课堂上就比较放松一点。(FT-4)		

　　除语言学习外,大学英语教师还能做到不断反思教学,并做一定的记录总结。如先导访谈中的三位教师在课下都有一定的教学反思。教师 A 说:"知道哪里有问题,把这个问题记在记事本上,在另一个班我就不准备这样去讲了。"教师 B 提到如果课堂氛围"死气沉沉",就会"有一点懊恼"。而教师 C 则"比较多的是会写在课本上",提醒自己。第一位访谈教师谈到自己的心理

变化过程,从对教学的满怀期待和对学生较高的期望值到实际课堂上面对学生"一点规矩都没有""坐在那里,根本就没有带书,学习态度极其差"的表现感到很生气,她在那个班"讲得就是也不如在其他班讲得那么丰富",后来与学生进行了一番交流,让她改变了想法,努力调适自己的心理预期和教学行为。

去年有好几次一直让我觉得特别生气,就是有一个班的学生的出勤率特别低。每次总是好几个学生不来,我真的平时不愿意给他们增加特别多压力,所以可能对他们的督促实在是不够,导致学生的习惯不够好。后来他们来了之后,我就特别严厉地批评了他们一顿,然后我就说我把你们给惯坏了,都是因为我之前的纵容导致你们现在一点规矩都没有。我当时觉得<u>很生气</u>。学生来了之后坐在那里,根本就没有带书,学习态度极其差,因为他就觉得反正老师安排的课堂内容就算他不参与也没有什么后果。这可能也跟班级有关系吧。就是你问他一个问题,他没有回答出来,摆出<u>一副无所谓的态度</u>。就跟高中那时候做广播体操,一定不能好好做,做的特别好会被其他同学笑话,认真学习的人会被大家看作是很奇怪。如果一个学生学得特别认真,经常问老师,他们会很瞧不上这个学生,觉得他一点都不酷。(FT-1)

第三位教师在教学反思方面也投入较多精力,她把教师职业与之前在国营企业上班对比,感觉作为英语教师每天需要思考的事情太多了,"不思考这个你总会是思考那个""觉得教学始终是有思考的过程,没有绝对的东西,我们很多时候都在思考,在这种思考的过程中不断地学习,不断地发现问题,对待问题,然后也解决问题"(FT-3)。该教师把教学看作一个反思的过程,认为教师不再是知识的传授者,而是引导者和组织者。每次课后把"比较特别的东西,或者有些触动的东西"记下来,逐步向体系化的目标迈进。第十位访谈教师也有专门记录工作的小本子,用来提示自己给学生增添知识点或特别的教学设计等。撰写教学反思日志是促进教师反思,实现专业发展的路径之一(Farrell,2015)。可见,大学英语新手教师有强烈的改善教学实践的愿望,自身也为之做了一定的努力。

课堂外教学实践还包括大英教师与同行的积极沟通和互动,不仅有课下的非正式请教讨论,也有专门的听课学习。相对于乐意与同事交流科研(29.35%),有47.66%的大学英语教师表示乐意与同事交流教学,说明大英教师与同行的交流大多是教学而非科研。例如,本次访谈教师均提到自己利用课间休息时间向教研室主任或其他老教师请教课时进度、把握教材难点、处理课后练习、添加四级专题等内容,"有问题都及时交流"(FT-B),"教学方面都经常沟通"(FT-3)。先导访谈中的三位教师都积极参与部门安排的听课活动,利用课间休息时间当面向同事求教如何安排教学进度,做好课堂设计等,对教学准备投入较大。第一位访谈教师也曾专门向所在学校教务处反馈希望有听公开课的机会,并主动参与听课学习。第四位访谈教师是从教学科研相关的微信公众号中汲取营养,主动观看教学比赛获奖视频并做笔记。尤其值得一提的是,第八位访谈教师屡次强调年轻教师"首先应该把讲台站稳,把课上好",认为"听课是必须要做的一件事情",她总是利用各种机会去听课学习,学习其他教师不同的教学方式。本书中大部分受访的大英新手教师都能够与院系安排的指导教师就学习或教学事宜进行沟通,得到一定指导。例如,教师C提到她的指导教师会在公开课后给她提出改进意见和建议,给她带来启发,为其专业认同的建立提供了一定支持。第九位访谈教师在听课后进行请教,被听课教师给自己"做了将近一个小时的问题解答",学习到了新的教学方法,如学生分组完成学习任务,然后进行课堂展示,发挥学生干部的引领表率作用等。约翰逊(Johnson,2004:256)发现很多新手教师很难接触到指导教师或无法获得实质性帮助,经历学徒观察期(apprenticeship of observation)(Lortie,1975:61)的大部分新手教师依然有听课观察的意愿,通过观摩学习榜样提供的示范提升自己,但是几乎没有系统的机会(systematic opportunity)允许他们这么做(Goodlad,1984)。本书部分数据也表明大学英语新手教师在与同事的交流中也会被拒绝听课,或无法得到实质意义上的有效指导等。正如量化数据(见表5-8)所示,有37.94%的教师经常与同事分享一节成功的课,而仅有29.53%的教师经常与同事分享一节失败的课,可见课堂教学无论教学效果好坏,与同事分享的并不多,效果差的课堂教学分享就更少了。由于教学时间和工作体制的原因,大学英语新手教师往往只与教同一年级、同样教材、同样课程的同事交流教学,与本院系教授其他课程的教师交流不多,与其他院系教师的交流更加缺乏。这与米歇尔和萨克尼(Mitchell & Sackney，2011：71)的研究发现一致,他们并未看到与进行不同工作实践的人之间交流的重要性。

表 5 - 8　大学英语教师同行教学交流调查问卷部分数据

题　　项	A. 非常同意	B. 比较同意	C. 不确定	D. 比较不同意	E. 非常不同意
27. 我与同事探讨如何上好课	51.4%	39.25%	6.92%	2.24%	0.19%
28. 我与同事分享一节成功的课	37.94%	42.24%	14.95%	4.3%	0.56%
29. 我与同事分享一节失败的课	29.53%	38.32%	22.99%	8.22%	0.93%

与学生的互动也是新手教师课堂外教学实践的重要组成部分。信息技术的应用已经渗入大学英语的课外教学中。数据分析发现绝大多数新手教师都注重使用网络社交媒介,建有专门的 QQ 群或者微信群与学生保持课外联系,分享学习经验和学习资料,答疑解惑等。课堂学习的延伸指导突破了时空局限,提升了教学效果。也有教师利用课间休息时间与学生聊天,了解其学习和生活状况,拉近与学生的关系,建立积极有效的联系。第三位访谈教师深知学生的心理状态,坦言:"这个学英语啊,是需要恒心,需要耐力的,很多学生真的是做不到,学两天就坚持不下去了。他看也看不懂,也不愿意去问别人,也不愿意再继续去深究。"(FT - 3)在教学实践上该教师在反思如何改善课堂的同时甚至在课下单独给学生安排英语学习活动,希望为部分学生建立良好的课堂外英语学习环境,但是囿于学生的时间安排和个体原因,单独安排英语学习活动最后变为给部分学生加课。此现象一方面表明大英新手教师有改善教学实践的思考和行动,另一方面表明地方本科高校学生的学习意愿不足,基础薄弱,同时新手教师缺乏有效、系统的指导,导致哪怕是微小的教学改革都不能像想象的那样进行和开展。

没有别的事的话,我最近也给他们补课,就是给比较差的(学生)补课。我最近就是找了一个时间点,每周三晚上单独给部分同学补课。本来单独上课的这个事情是希望有效果的,但是目前为止啊,我觉得效果不是很大。我自己打算给他们补一段,但是我觉得比较迷茫,刚开始

想了很多,本来想以活动的形式进行,但是后来学生的时间也比较紧,我们就只能以上课的形式为主。(FT-3)

总之,教学实践往往是教师知识和信念的反映(Richard & Lockhart,1994)。大学英语新手教师积极投入各种教学活动,在教学实践上投入较多时间和精力。整个教学过程中他们能够总结学徒观察期的收获,根据学生的年龄特点和心理特征,运用并调适一定的教学策略,不断反思教学。但往往新手教师改善课堂的实践有一定的自发性,缺乏系统的授课指导和有效的集体备课制度。

5.2.2　大学英语新手教师科研实践

教师形成专业认同的目的是实施针对自我或他人的一些行为活动(Hallman,2015：4)。从上节关于大学英语新手教师教学实践的分析来看,新手教师参与实践活动的重点在于准备课堂材料、调适教学策略、提升教学效果等方面,这与莱特(Wright,2012)和斯宾塞等(Spencer et al.,2017)的研究发现一致,即教师在入职前几年工作主要侧重于课堂管理、学生激励等教学方面的实践探索,在教学和科研上的投入严重不平衡。本书中调查的大英新手教师普遍具有追求科研进步的积极态度,但在阅读文献、撰写论文、申报课题等方面面临各种困惑,研究者通过访谈转写文字和叙事问卷的数据梳理共提取专业学习、论文写作、项目研究和学术讲座四个专题(见表5-9)。

表5-9　科研实践访谈数据编码表

原　始　数　据	初级编码	主题提取
1. 由于家庭原因,有点荒废时间,也没关注学术前沿和作家作品,比如说期刊看得少,就是觉得不如看小说舒服。感觉还挺喜欢的那些作者,可能会去看一眼有没有研究他的一些论文。(FT-A)	专业阅读与学习"没有方向"	专业学习
2. 我其实也下(载)了一些文章,也自己准备看呀什么的。(FT-5)		
3. 我就是在看书,在找灵感找方向,其实也就是在找一个自己兴趣的突破点。(FT-6)		

原　始　数　据	初级编码	主题提取
1. 需要反省自己,工作快一年了,还没有写出来合格的论文。(FT - A)		
2. 我是翻译方向,现在想转文学方面,最近有时间就会看文学理论、小说或戏剧,方向还搞不定,论文还是放着,也没着手去写。自己本来在学术方面就不擅长,以前上学的时候还有老师、导师、周围的同学一起研究研究,自己写的东西导师还帮忙修改,现在一是感觉单打独斗,自己也没方向,另一个上学的时候就有投稿的困惑,自己的水平应该投什么样的杂志也是一头雾水,比较模糊。(FT - B)		
3. 现在完全不知该如何下手,曾经在网络上寻求解决办法,但是因为暂时没有发论文的压力,平时把读书时间放在提升教学水平上。(FT - C)		
4. 我现在最困惑的一个地方,就是我其实很不会写那种科研类的东西,我擅长或者比较熟悉那种教改方面的东西。我以前读研时候,是属于理学硕士,我们所有的论文都必须有一个论证的过程。但是现在我看我们这个专业的论文都是纯理论性指导,没有数据的支持。这种论文我就不知道该从何下手,写什么都没有自己的一些感觉,对我来说反正就是很不好组织。(FT - 1)	论文写作与发表"无从下手"	论文写作
5. 我现在就是打算尽可能写几篇文章吧。我是一边在搜集一些材料,一边在课堂的教学过程中发现问题解决问题,然后写论文。其他都没有,就是带好课、努力写好一两篇文章,觉得现在还是需要积累,还是以写文章为主吧。(FT - 3)		
6. 我觉得自己前段时间更多的时间会放在教学上,后期可能教学科研并重。我研究生的时候就是研究外语教育,我的硕士论文题目就是英语交际意愿,我想这个再好好做一下。(FT - 4)		
7. 我觉得我写论文永远走不出我的那个圈,我觉得我就是那个井底之蛙。(FT - 5)		
8. 我自己硕士论文写的就是 POA(产出导向法),我希望等到下学期,我对学生们都很熟悉了之后能在一个班或者两个班,把这个 POA 选取一下,然后真正地去把它给做起来。希望在这一两年内能够把这个 POA 做出来,因为你也知道马上年纪大了,也得结婚生孩子了,再不搞的话就感觉可能赶不上。(FT - 9)		

原　始　数　据	初级编码	主题提取
1. 项目选题还是有困惑,之前有个社科项目,<u>看了选题指南后还是有无从下笔的感觉</u>。希望有机会能跟有经验的老师合作一个项目。如果觉得有真的适合自己的、符合要求的(课题),比如说新教师、青年教师可以申报的,可能<u>会试一下</u>。(FT-A)	科研项目申报与研究"单打独斗"	项目研究
2. 关于项目申报,尤其是申请书的撰写,我倒是看过部里老师写过的申报书,但是<u>也没有这个方面的培训或指导</u>。学术团队就更不用说了,<u>周围也没有</u>,其实主要是我<u>自己没有确定方向</u>,我<u>也不知道跟谁组建团队</u>。我感觉申报项目比单独写论文更高一层,<u>难度更大</u>。咱们的课题我也想<u>了解一下</u>,到底是什么东西。因为我对<u>这方面一头雾水</u>,什么项目什么基金的,我还专门<u>上网查过</u>。(FT-B)		
3. (申报课题)自己毫无头绪,单位也没有给予过帮助。我也<u>从来没做过这些东西</u>,即使做也可能做不好。我对这个之前就<u>一直拒绝接触</u>,现在就<u>不敢接触</u>。我觉得我有一个<u>难关要过</u>,我知道是要做的,我已经有这个<u>心理准备</u>了。(FT-C)		
4. (申报项目)是个比较大的问题,我这些年就是在国外啊,对这个<u>申报项目不是很了解</u>呀,然后稍微<u>有点陌生</u>,还是遵循很多写论文的框架。我还是<u>不是特别熟悉</u>这个流程,然后也在努力吧。(FT-3)		
5. 每个学期我都想申请课题,<u>每个学期都写</u>,写课题那个申请书。其实我还是觉得(自己)蛮适合搞科研。写东西速度很快,我把申请课题当成自己的目标。连着这三年我都在申请,但<u>一次都没有中过</u>,包括校级的都没有。为什么(科研项目)很难得到,就是因为<u>没有团队</u>。(FT-5)		
6. 我们学院都有老师报那些教改课题,但是这个我<u>不太清楚</u>,因为我跟他们讨论这方面的<u>也比较少</u>,因为我目前也没有从事什么教改课题,所以我也没去问他们这些问题,我就这么想的,等我以后开始从事这方面的研究之后,我就去咨询他们。(FT-6)		
7. 科研团队方面一般情况下都<u>老师自己做自己</u>的吧。我们学校在这方面其实是稍微有些弱的。因为我们学校是这样一个情况,就是哪怕你是成员,你在评职称的时候也是加不了什么分数的,必须是主持人。大家都<u>各自做各自的</u>,但也有可能合作哦。(FT-8)		

续　表

原 始 数 据	初级编码	主题提取
8. 现在学校没有对于新老师的科研提供帮助,也没有老教师带着我们来做。这个也是我的问题所在,我目前的话是真的不知道从何下手。(FT-9)	科研项目申报与研究"单打独斗"	项目研究
9. 有的时候会看(别人的申报书),但是看不明白啊。我想肯定中的几率不大,就没有报,关键是没有什么思路。(FT-10)		
1. 不排斥参加学校里与英语有关的讲座,但是别总让我们参加那么低层次的,坐在那里替主讲人尴尬,对我们也是一种折磨。希望多点机会让我参加与我学习方向有关的会议、讲座都可以,我非常喜欢。(FT-C)	学术讲座与会议"并无相关"	学术讲座
2. 我们学校有各种各样的学术会议,但基本上安排我去的都是什么心理健康讲座:因为我是辅导员。其他外面的也会请,但是跟英语相关的(讲座)偏少。大家都是请以前的校友做报告,比如如何做老师啊这种。我讲的是我们系的啊,不是全校。全校范围内的比较多的,可能专门讲英语类的比较少。(FT-8)		
3. 到现在好像还没有请过我的这个方向(的人来做讲座)。(有些会议)去参加也是被迫去参加的,和我的专业没有关系。而且有一些就比较高端,真的听不懂,不知道为什么,自己的这个学术造诣太差了。(FT-10)		

　　就专业学习和阅读来说,普遍现象是由于教学任务、行政事务及家庭原因导致无法专心研读论文和学术专著,"有点荒废时间",无法"安下心来真正去研究一个东西"(FT-A),这一点与博格(Borg,2009)的研究结果一致,即大部分高校英语教师不做科研的原因是缺乏时间。陈桦和王海啸(2013)的调研中也提到,71%的被调研教师认为教学负担重是影响科研的首要因素。在先导研究中,教师 A 和教师 C 从自己的研究方向出发,课下阅读还停留在自己感兴趣的外国小说或散文上,未能深入阅读专业书籍,较少关注学术期刊论文及科研项目申报等科研信息,也很少参加其他学术活动。而胡萍萍和陈坚林(2014)关于高校英语教师学术阅读的调查研究主要关注有一定教学经验的高校英语教师,也反映出新手教师学术阅读量普遍

较低的一个现状，与本书的发现较一致。

在学术论文写作方面，大部分新手教师疲于备课、上课，无暇专心投入论文的写作。由于入职后没有相关科研方面的指导，导致大部分新手教师的研究方向不明确。例如，先导研究中的三位教师均表示自己尚未着手开始写论文，对此感到"一头雾水，比较模糊"（FT-B），"完全不知该如何下手"（FT-C），"需要反省自己"（FT-A）。第一位访谈教师坦言"很不会写那种科研类的那些东西""觉得不知道该从何下手，写什么都没有自己的一些感觉"。第五位访谈教师谈到写论文时说："写论文永远走不出我的那个圈"，感觉自己"就是那个井底之蛙"（FT-5）。可见，大学英语新手教师虽认识到科研论文写作的重要性，但囿于主客观原因，大部分并未着手论文写作，更谈不上投稿发表。此现象在问卷调查中也得到印证，15%的教师近五年内没有发表任何论文，发表过一篇及以上核心刊物的教师不足20%，高水平的论文更是罕见。叙事问卷中不少新手教师或回避此部分问题，或寥寥数笔简单介绍自己的科研论文情况。值得一提的是，部分新手教师（FT-4，FT-9）打算继续深入研究硕士阶段的论文选题。可见，硕士阶段的学术训练和积累对入职后的科研实践有重要影响。

在科研项目研究方面，数据分析发现大学英语新手教师自身理论学习的方向不明确，学校和院系的有效指导及学术团队的缺乏影响了科研课题的申报及合作研究等一系列问题。先导访谈中的三位教师表示对于课题的申报知之甚少，"看了选题指南后还是有无从下笔的感觉"（FT-A），申报方向"一头雾水""没有这个方面的培训或指导""也不知道跟谁组建团队"（FT-B），"自己毫无头绪，单位也没有给予过帮助"（FT-C）。第三位访谈教师在国外完成学业，对国内的项目申报有点陌生，"不是特别熟悉这个这个流程"（FT-3）。第八位和第九位访谈教师都称科研课题都是"各自做各自的"（FT-8），没有参加过任何课题小组讨论，更谈不上科研团队，"学校也没有对新老师科研提供什么样的帮助"（FT-9），导致作为新手教师的他们不知所措，无从下手。第六位访谈教师虽一直在积极行动，"每个学期我都想申请课题，每个学期都写"，但是一直未能成功立项，究其原因一是申报书未能得到专家、同行的指导，内容方面的完整性、逻辑性、创新性有待提高;二是所在学校的申报名额有限,僧多粥少,导致很难获得立项。就学术讲座和会议而言,新手教师普遍缺乏外出学习的机会,接受调研的新手教师中只有教师 B 参加过一次有关微课和翻转课堂的教学会议,让她"意识到当大学老师还要不停地去摸索一些东西,要去不断地学习,不断提高自己的眼界和视野",对于参会教师组建的微信群,她"怕(作为)一个新手在里面问的问题不是特别专业,就羞于去提问",只是"看一下大家都在讨论什么",对自己有"一个提醒的作用"。与陈向明(2013:2)所言一致,多数学校邀请的专家大多讲授一些碎片化的知识信息,与教师的实际工作或从事的专业研究没有直接关联,"专门讲英语类的比较少"(FT-8),"和我的专业没有关系,听不懂"(FT-9),"坐在那里替主讲人尴尬,对我们也是一种折磨"(FT-C)。这种现象导致大学英语教师缺乏校内学习提高的直接途径,其科研困惑无法得到有效解决。与以上教师相比,第一位访谈教师则非常幸运,其所在院系带领大学英语教师策划并共同申报的省级重点教改项目获批,该教师作为新手教师参与项目申报书的撰写、修改和定稿的全过程,获益于专业指导和团队协作,在之后顺利地"申请到一个教改项目"(FT-1)。

——首先上个学期开会主要申报这个项目。后来申报下来之后,这个学期主要就是教改实施过程的一些东西。我们在开学之前要准备教学大纲还有教学指南,因为我们是改革,要自己编写一个指南,还有就是学生需要用到的一些自主学习的一些材料。在教改的过程当中我们会根据教改的实际,对之前制定的计划进行修改。

——你觉得参与这件事情有收获吗? 对你个人来讲。

——我觉得(收获)还挺大的,因为我们教改牵头的是我们院长,他很有经验。在写申报书的时候,是我们所有人一起写的,每个人分了一部分,在这个过程当中就能了解到,申报这种教改课题到底是一个什么样的流程,怎么去做更完善更好,怎么去完整地开展一个教改项目,所以我自己也申请到一个教改项目。(FT-1)

量化数据也表明仅有 29.35% 的教师表示乐意与同事交流科研,24.3% 的教师与同事探讨如何做科研,同事之间关于如何查文献(23.18%)、写论文(22.8%)、期刊投稿(22.43%)、项目申报(23.55%)等方面的探讨也非常有限。有38.69%的教师认为个人努力提高自己的科研能力,提高科研实践的方式主要有阅读专业书籍(40%),参加学术讲座(31.96%),浏览学术刊物(31.21%),参加学术会议(28.41%),申报研究课题(26.36%),撰写研究论文(24.67%),其中能够直接产生研究成果的科研实践,即申报研究课题和撰写研究论文的投入并不多。一方面是因为大学英语教师教学任务重,缺乏足够的时间投入;另一方面是因为缺乏有效的指导,大学英语教师普遍找不到好的研究选题,缺乏科学的研究方法,从而无法产出高质量的研究成果。

表 5-10　大学英语教师同行科研交流调查问卷部分数据

题　项	A. 非常同意	B. 比较同意	C. 不确定	D. 比较不同意	E. 非常不同意
30. 我与同事探讨如何做科研	24.3%	45.61%	21.5%	7.1%	1.5%
31. 我与同事探讨如何查文献	23.18%	43.55%	23.18%	8.6%	1.5%
32. 我与同事探讨如何写论文	22.8%	42.62%	23.18%	9.35%	2.06%
33. 我与同事探讨如何给期刊投稿	22.43%	46.54%	23.36%	6.36%	1.31%
34. 我与同事探讨如何申报研究课题	23.55%	43.55%	24.3%	7.29%	1.31%

表 5-11　大学英语教师个人科研实践调查问卷部分数据

题　项	A. 非常同意	B. 比较同意	C. 不确定	D. 比较不同意	E. 非常不同意
35. 我努力提高自己的科研能力	38.69%	42.99%	13.08%	3.93%	1.31%
36. 我主动浏览学术刊物	31.21%	46.17%	15.33%	5.98%	1.31%
37. 我主动阅读专业书籍	40%	46.92%	9.91%	2.43%	0.75%
38. 我主动参加学术会议	28.41%	44.3%	18.88%	7.29%	1.12%
39. 我主动参加学术讲座	31.96%	48.22%	13.83%	5.05%	0.93%

题　　项	A. 非常同意	B. 比较同意	C. 不确定	D. 比较不同意	E. 非常不同意
40. 我积极申报研究课题	26.36%	41.5%	22.06%	8.04%	2.06%
41. 我积极撰写研究论文	24.67%	44.11%	22.06%	7.48%	1.68%

教师进行的任何实践活动都是某种理论的结果(Griffiths & Tann, 1992:77)。部分大学英语新手教师意识到教学、科研相结合的重要性,能够在专业实践中把理论学习和教学、科研实践相结合。如几位访谈教师(FT-3,FT-4,FT-9)将文献阅读、课堂教学与实证论文的撰写相结合,在教学中发现问题,在阅读中研究问题,并试图通过论文撰写解决问题。第四位访谈教师因为看过有关教师即时行为的研究,重视在教学中与学生建立情感联系,与学生交流,亲近学生,鼓励学生,从而提高教学效果。

1. 我现在就是打算尽可能写几篇文章吧。我一边在搜集一些材料,一边在课堂的教学过程中发现问题、解决问题,然后写论文。(FT-3)

2. 看文献做一些结合自己的教学,再想想这个实证研究在我的教学课堂里面有没有可行性。我之前做那个研究叫教师即时行为。因为之前看了很多相关的研究,讲的还是比较有道理,所以还是先实践实践。(FT-4)

3. (科研和教学的结合)很有必要,刚刚我跟你说的这个教育不成体系,那其实我就觉得应该做这种成体系的东西,投入我们课堂中来,现在可以去做实验,看这个方法是不是适合学生。(FT-9)

据大部分新手教师反映,地方本科高校的科研团队或者尚未组建,或者已经组建但徒有虚名,并无实质上的团队合作指导及研讨。例如,第六位访谈教师所在学院根据大家的研究专长成立九个科研团队,初衷是帮助大家提高科研能力和研究成果。成立这样的科研团队的好处是"大家集思广益,然后碰撞一些火花,或许产生一些灵感,但是不一定真的能起到作用,真正搞科研的话其实一个人就可以了"。"你自己有想法,你想写什么就写什么呗。写好了之后,或许你去找一些这方面的专家,帮你看一看提点意见啊,投稿的时候那些编辑也会给你一些意见呀,然后你就多了解一下前沿知识,然后融入你的文章当中去。可能是我个人不太喜欢这样的科研方式啊。目前我没感觉团队对我有什么帮助,因为我们团队也没有研讨会啊什么的。我目前自己写文章,我觉得我自己写就可以了。我觉得自己一个人搞科研的话效率能高一些,跟他们讨论来讨论去的话,可能就是浪费时间在唠嗑上。"(FT-6)可见,部分地方本科高校已经启动科研团队的建设工作,并在一定程度上对部分教师有了一定的帮助和指导作用。但是实践中还有较多问题,导致大英新手教师并未参与实质意义上的团队学术活动,还有待从长远角度规划、改革和提升。

总之,受访教师都表达了对于学术论文写作、研究课题申报等学术研究活动的困惑和迷茫,这与古尔利(Gourlay,2011)的研究发现一致,即新手讲师在学术研究领域往往感到困惑,有不真实感(inauthenticity)和孤独感。但也有受访教师坦言自己在主观上把教学和科研分割开来,认为新手教师应该先教学后科研。正如教师B所言:"可能是因为刚入职,非常高兴,非常激动,觉得上了班之后是不是先要处理好如何上好课,对于(科研)这方面我就落下来了。"(FT-B)这也印证了袁和伯恩斯(Yuan & Burns,2017:738)的研究结果,即新手教师往往"感觉学术研究是学者的事情""与课堂实践相隔甚远""对学术研究有畏惧感"。大学英语新手教师在学术研究上感到困惑和孤独。而博格(Borg,2007;2009)的研究结果也表明我国大学英语教师总体的科研水平较低。因此,大学英语教师,尤其是新手教师的科研能力亟须提高。

5.3 小结

本章从认同态度和实践两个方面分析了大学英语新手教师的现状,数据分析表明新手教师有较清晰、客观的自我认同,高度参与的教学认同和孤独迷茫的科研认同。新手教师普遍认同教书育人的职业理念,明晰大学英语的学科定位和教学目标,但在科研发展上尚未明确研究目标,或囿于教学、学生事务繁重无暇顾及。该群体教师总体上有较高的专业认同感,但受主、客观因素的影响,缺乏提升认同感的平台和途径。第 6 章将分析大学英语新手教师专业认同发展的影响因素,为研究其专业认同提升路径提供基础。

6 第6章
大学英语新手教师专业认同影响因素

上一章回答了本书的第一个研究问题,即大学英语教师的专业认同现状。本章基于访谈文本中关于教师自我经历、他人影响、学校环境等方面的内容,结合叙事问卷的第二至第五部分,即关于学生、同事、学校、家庭等内容的数据分析,进行综合分析,提取教师自我、重要他人和工作环境三个一级主题和若干二级主题。通过部分调查问卷的数据形成三角验证,以探究大学英语新手教师专业认同的影响因素。

6.1 教师自我

本节基于研究数据的梳理,从成长背景、专业素养、从业经历三个方面分析影响大学英语新手教师专业认同的个人因素。

6.1.1 成长背景

就成长背景而言,大学英语新手教师有不同的家庭背景,父母的职业和教育观念对他们的成长和择业有较大影响。例如,先导研究中教师 C 由于父母工作等原因,从小与外婆一起生活,选择做教师的很大一部分原因是高校教师工作时间相对自由,可以有更多时间陪伴家人。而第一位访谈教师成长于教师家庭,从小耳濡目染,对入职高校有不可忽略的影响。

1. 跟我自己的成长经历有关系,我希望有比较多的时间来陪伴自己的家里人,还有孩子什么的。(FT－C)
2. 就觉得很喜欢,而且加上就是我父母都是老师啊,我觉得教师整体的时间是比较自由的,有寒暑假,平时他们陪伴我也比较多。就觉得整个童年也比较幸福吧,所以就觉得当老师还是一份比较不错的工作。以前的时候只是自己旁观这样觉得,绝对没有想到自己将来当老师怎么怎么样啊,是有了这个兼职的经历之后,后来慢慢觉得当老师很有意思。(FT－1)

6.1.2 专业素养

大学英语新手教师在学科类别、专业背景、学习经历、学习习惯、语言技能、教学技能等方面各有不同,从而对教师自我有不同的认知和态度。仅从调查问卷统计来看,大部分大英新手教师毕业于英语教育专业(73%),另有部分教师是商务英语(25%)或者其他与英语专业相关或者相近的专业(2%)。专业研究方向上大部分属于语言学、外语教学、外国文学、翻译等,其中有一部分属于师范专业,其教学实习的理论和实践知识为专业认同也提供了一定基础。可见,大部分大学英语新手教师具备一定的学科素养和专业知识,能够反思自我,剖析课堂,认识到个人教学的不足。

1. 可能因为是新老师吧,<u>我的教学我个人感觉有一些不足</u>,没有达到我预期的效果,这是我自身的原因。另一点就是学生,我觉得配合上也欠缺一点。(FT-B)

2. (我的)英语专业能力、教学能力有待提高,这是我自己最深刻的感受。毕竟我觉得既然要当老师就一定要将讲台站稳,这是我一贯的初衷,但是目前来说,我觉得我是有欠缺的,因为我自己心里没有底,<u>毕竟硕士不是读英语方向啊,感觉自己不够合格</u>。(FT-8)

3. 很多老师说学生学不学是学生自己的事,但是你知道,<u>作为新老师,有时候还是控制不住自己</u>。(FT-9)

是否以英语为母语是影响语言教师专业认同的重要因素之一(Golombek & Jordan,2005)。对以非英语为母语的英语教师而言,语言技能的熟练程度是教师自我感知(self-perception)和教学态度(teaching attitudes)的重要影响因素(Reves & Medgyes,1994:354)。语言熟练度高是英语教师具备专业认同的显著标志(Richards,2017:142),本书中大部分受访教师对此高度认同,并为此实施相应的积极行为。就语言技能而言,部分大学英语教师注重提高自己的语言技能,通过阅读外刊文章,收听英语新闻,利用背单词软件打卡背单词等多种途径一方面提高自己的英语实力,另一方面为上课积累教学资源,提升教学能力。

1. 学习英语一直是我的一个爱好,就特别感兴趣吧,一直特别喜欢英语电影啊,电视剧。电视剧或者电影里面的一些表达方式我会一遍一遍地看,就觉得很感兴趣,<u>只是出于纯粹的兴趣</u>。<u>备课的时候也</u>

会用到。最近我一直都在看英语电影,突然看到跟课堂内容相关的,然后这个场景特别合适,就会把这一段截下来放给他们看。(FT-1)

2. 就像今年的新生,会觉得他们好厉害。就会感觉比之前的学生还厉害,然后就会担心自己的口语、听力啊,怕他们会觉得这个老师不怎么样。我第一节课就让他们做小组展示,发现有的学生口语好棒啊。他们的高考分数我也查了,像我们这种地方院校,(高考英语)120 分以上的还蛮多的。(FT-5)

3. 我比较喜欢看美剧,看美剧也是为了提高自己的英语听力和口语。(FT-6)

据粗略统计,本次调研中约有一半左右的大英新手教师(FT-1,FT-3,FT-6)有国(境)外学习或进修的经历。他们通过国(境)外的专业学习了解了国外相关的课程设置,感受了国外的课堂,熟悉了一定的科研路径,在教学和科研上均与国(境)内的情况有所差异,在一定程度上影响了此部分教师的认同感,对于国内的大学英语教学和研究有一定陌生感,但能多从跨文化视角考虑大学英语的教学实践,把培养学生的国际视野,提高跨文化交际能力作为教学目标之一。

1. 这个四、六级专题的教学,其实我不是特别擅长,因为我本人没考过,也没有过备考的过程。其实不只是四、六级,还有考研英语都不是我擅长的范围,但确实学生非常关心这些问题。他们来问我的时候,有时候我也不是特别确定,我也很难马上给他们解答,我觉得可能还需要积累和特别为这个去准备吧。(FT-1)

2. 来了这一年,我觉得我好像就总有各种各样的事情。一直有不同的(时间)节点,然后一直在赶节点,一直在赶时间,而且我(之前)一直在国外,好多东西也不太熟悉,之前是在企业里面,所以学校里面又不太熟悉,就完全小白一个,然后什么都不知道,问来问去。(FT-3)

3. 我能够引导他们去拓展课堂,或许我会讲一些关于国外的知识,一些经验,去拓宽他们的视野,让他们在视野上真的是(有所提高)。

多去了解西方的一些文化的话,他们就能够思路开阔一点点,就能更多地去容纳西方的一些跟我们的不一样的习俗或者是一些习惯。(FT - 6)

6.1.3 从业经历

认同是受个人经历影响的、持续的、复杂的心智过程(mental process),个人的历史经历是形成自我的关键(Watkins-Goffman,2001)。一个人的经历对专业认同形成具有重要影响。本书中接受调研的大学英语新手教师在入职高校前曾有过多种从业经历,如读书期间的教学实习、兼职代课和毕业后在中学、企业等的就职经历,这些经历都对新手教师的专业认同产生了一定影响。学生时代初为人师的讲台经历(FT - A,FT - B,FT - 1,FT - 4)一方面让部分教师体验了做教师的喜悦和兴奋,从而为入职教师行业提供了铺垫;另一方面,这种教学经历有助于帮助其明确大学英语教学目标,提高课堂管理能力,从而提升其对大学英语教学实践的认同。与之形成对照的就是部分教师(如 FT - 5)没有讲课经历,入职初期经历了一段时间的紧张期,这在叙事问卷的数据中也得到验证。绝大多数受访新手教师提到了开始上课时感到紧张、新鲜、兴奋、慌乱、有压力、没有头绪、比较困难(XS - 22),"有些力不从心"(XS - 37,XS - 67),"有些吃力"(XS - 43),"一直很紧张,压力很大"(XS - 72)。原因首先是自我经验和能力不足,"实践经验不够丰富,自我反思不足"(XS - 22),"欠缺系统的教学理论学习,教学经验也不足"(XS - 67),但又"没有太多相关的培训和教学方法的指导"(XS - 37)。

1. 真正上讲台讲也就是四节课左右,一开始很紧张,然后慢慢增加了点自信。感觉更多的是一种从理论到实践那么一个过渡,稍微增加点自信心,稍微了解一点真正的讲课是怎么一回事儿。我觉得这就是最大的收获。(FT - A)

2. (代课)有帮助,起码在没上课没代课之前,就担心会不会特别紧张,是不是会没有老师的那种底气什么的。确实一开始上课的时候我还是比较紧张的,我能感觉到自己的手都在发料,后来时间长了就没事了。现在刚入职，就想想我之前刚代别人课的时候，就没有那么紧张了。起码心理上觉得自己以前代过课，就没有那么紧张了。(FT-B)

3. 从大一开始，我就开始打工做家教了，这好几年的经历让我<u>感觉到当老师的乐趣</u>。所以后来大四的时候也去参加一些别的类型的兼职，就是类似于新航道、新东方那种啊，后来从英国念的教育(专业)，回来之后就决定要当老师了。(FT-1)

4. 基本上每一次的(代课)经历，不管你是教小朋友还是大朋友，都是不同的积累吧。包括你站在讲台上需要考虑的这些东西，对现在教学还是有影响、有帮助的。(FT-4)

5. 第一次课我就好紧张，因为也担心自己(面对)大学生，会怕他们觉得<u>我的英语不够好呀，然后也担心自己把控不住他们</u>。然后心里会想，如果他们不理我，或者说他们跟我唱反调，我要怎么样去回应他们。(FT-5)

而据有过高中英语教学经历的教师(FT-C,FT-4)所言，大学英语教师的幸福感远高于高中英语教师，具体表现为在工作时间的自由度、工作任务的紧迫性和同事关系的融洽度方面，整体的满意度和专业认同度都有明显的提高。

1. 挺满意的。我之前教高中，我的不满意并不是来自我的职业本身，而是因为完全没有自己的私人时间，可以这样说，跟我的人生理想完全是背道而驰的，所以有机会我就考到了现在这个单位。我<u>特别特别喜欢</u>大外部的同事还有工作环境。可能之前教高中，由于工作的压力，大家其实还有点竞争的思想存在，导致有种小集团的出现，你一伙我一伙的感觉，但是在大外部就完全不存在(这种情况)，我很喜欢我们这个团队。<u>真的，特别喜欢</u>。(FT-C)

2. 中学的话可能更应试一点，就是直接跟你的考试成绩相关联。课堂上基本上不会拓展那么多，一节课上下来的感觉比现在上一天的感觉还要累。那种感觉是<u>受压抑的累</u>，不是那种身体上的累。(FT-4)

在企业工作过的大英新手教师(FT－3,FT－6,FT－9)则坦言教师工作一方面带给自己成就感,同时其特殊性又带来陌生感。工作时间和非工作时间没有明显的界限,无时无刻不在焦虑,有负罪感和挫败感(Hargreaves,1994:142),其专业认同处于混沌状态。

1. 太大的区别也倒没有多少啊,但是干活干得不一样,压力(不同)。在企业里面,干完一件活就算一件活,但是在学校里面当老师,我可能因为刚过来,不熟悉,就会想尽可能多做一点,所以就比较费心。如果我在国营企业里面,可能我上完班,最多加会班,加完班就完了,或者做行政,做完就完事了,但是做老师你不是这个样子,你会想,哎呀这样做能不能好一点,那样做的话是不是学生能更容易接受一点。可能是我自己还没有形成体系吧,即使觉得备好课,前一天晚上还是会想很多,还是会睡不好,还是会觉得第二天是不是又会碰到这样或那样的问题啊,或者是不是再加一点什么东西。(FT－3)

2. 第一次课之前可能会有点紧张,后来准备得比较充分了之后,站在讲台上,我就觉得好像这个讲台是属于我自己的。然后呢,我看着下面的每张面孔就盯着我看,然后我就觉得这可能真的冥冥之中注定了是属于我的职业,我以前做外贸的时候也没有那么有成就感,那么有自我价值的那种实现感,因为我觉得那些学生就像是当年在大学中的我自己,我就真的非常非常想要帮助他们。(FT－6)

3. 我去做了很多非老师的工作。做的时间最久的就是刚刚跟你说的总经理助理。我发现自己不适合在公司,还是很喜欢去教书育人,可能我擅长的是做一名老师。(FT－9)

总之,教师专业认同往往来源于教师的早期生活景观(landscapes)、教育经历、教师教育项目和入职前几年的教学经历(Connelly & Clandinin,1999;Schaefer,2012;Schaefer & Clandinin,2018)。大学英语新手教师在成长背景、学习经历、语言能力、教师知识、学科素养等方面存在差异,所以对作为大学英语教师有不同的认识和态度,从而产生不同的行为和实践。

6.2　重要他人

"重要他人"(significant others)最先是由美国社会学家米尔斯(C. W. Mills)在米德(C. H. Mead)的自我理论基础上提出的(彭云,2012:21)。本书中重要他人是指在大学英语新手教师的专业成长过程中帮助其消解教学困惑,交流学术问题,从而对其专业认同产生影响的人,如师长、家人、学生、同事、领导等。被访教师在入职高校时受到父母、师长的影响,入职后在同事和学生的影响下建立专业认同,在与他者的沟通和交流中认同不断发展变化。例如,当研究者问到是否通过微信或其他方式与同行探讨学术问题时,被访教师表示做科研时往往受到周围人的影响,部分教师会请教自己的配偶、父母、同学等。下文将逐一分析影响大学英语新手教师专业认同的重要他人。

6.2.1　师长

本书获得与徐(Hsu, 2009)一致的调研结果,即学生时期曾经的师长对于相当一部分大学英语教师的专业认同有不可忽视的影响,他们不仅给受访教师带来学习方法和教学方式的启迪,而且可以给予专业发展方向的启发和指导。新手教师对于教师专业认同的信念和态度往往形成于早年的学生的经历与观察(Feiman-Nemser & Buchmann, 1985;McDiarmid, 1990;Stuart & Thurlow, 2000;Lu, 2005)。先导研究中的三位受访教师均提到了学徒观察给自己带来的收获,分享了学生时代的师长对自己做大学英语教师的影响以及从任课老师那里收获的教学启发。例如,教师 A 通过辩论、角色扮演等活动丰富大学英语课堂,激发学生兴趣。教师 B 印象最深刻的是她高三英语老师的阅读教学,不仅给其英语学习带来了收获,帮她度过了一段"消化不良"的时期,给现在的教学也带来很大启发。正如她自己所言:"现在给学生上课,我也是尽量采用那种精读的方式。比较倾向于当时我高中老师的那种讲法,很细致地断句,让他们彻彻底底地理解每句话。"第一位访谈教师能够看到经验丰富的教师对于课堂节奏和教学内容的整体把握,第四位访谈教师受本科时期老师的影响选择大学英语教师职业,第五位访谈教师不仅学习老师的课堂教学方法,还注重在课下与学生建立联系,第八位和第十位教师认同并采用老师的教学理念和方法,即让学生做课堂展示和精讲词汇。可见,学生时期优秀教师的教学风格、方法和手段等丰富了他们的学徒观察,为其入职后的教学实践带来启发,强化了他们作为大学英语教师的专业身份认同。

1. 以前上课的时候一些活动,想到哪一点觉得很适用,我就可以搬到我现在讲课的这个课堂上来。比如,课堂上用一节课的时间做一个辩论,我觉得对英语学习还挺有帮助的,也挺能激发兴趣的。(FT-A)

2. 我就比较偏向于当时我高中老师的那种讲法,很细致地给他们断句什么的,让他们彻彻底底地理解每句话。(FT-B)

3. 我觉得通过人为去激发学生的这种好奇心这件事情特别特别难,但是有一些特别有经验的老师很会把握这个节奏,很容易吊起学生的胃口。当然,我觉得我现在还不太行。有的老师,他可能一开始的时候只是在给你讲一些好像跟这些课一点关系都没有的事,然后当学生都认真听的时候,他突然讲一个知识,大家就印象特别深刻。平时我自己也会这样做,但是这样做就特别容易无关的事情说得有点多,然后时间都不大够用。很难去把握这个节奏,如何让课程既紧凑,又轻松,让学生在没有觉得压力特别大的情况下,激发他的兴趣,让他产生共鸣。这是我特别大的问题,我一直就是为这个事情有点苦恼。(FT-1)

4. 我觉得我更多的是受我们本科老师的一些影响,他们很有个人魅力。老师这个职业确实不错,可以在(讲台)上面很自由地表达自己的一些想法,把学生当成自己的朋友或者是倾诉对象一样交流分享。这个对我来说是可能是想当老师的很重要的一个方面。(FT-4)

5. 我是农村中学出来的,以前上课的时候老师过分地强调语法呀,然后就背啊什么的。读大学以后我觉得老师给学生讲语法,学生也比较反感,所以现在我上课就比较灵活。我还是很真诚地会去关心学生的,因此我跟学生关系都还是挺好的。(FT-5)

6. 我是把全班分组分成八个组、九个组的,我说,这个组你的好坏全部都绑在一起啊。我们研究生的时候,那个<u>教育心理学老师用的方法我觉得挺好的</u>,那叫合作学习吧。我自己上课,我就会想以前哪个老师我们比较喜欢,那么他怎么上的;我也会回忆哪个老师比较讨厌,那么他是怎么上的,就避免。(FT-5)

7. 因为我接触的<u>老师对学生关心比较多</u>,因此我<u>自己非常喜欢找学生谈话</u>。我下课的时候喜欢跟同学互动。(FT-8)

8. 语言的学习,我一直觉得词汇是最基本的。还是本科的时候,精读老师也可能是<u>比较重词汇</u>的。我现在对学生的要求也是,我每一单元都会给他们精讲(词汇),讲完了之后,我希望他们在课上大部分都能够记住。我花在词汇方面的时间还是比较多的。(FT-10)

6.2.2　同行

大学英语新手教师在入职后的听课学习以及与同行的交流也对其专业认同的建立产生了相当重要的影响。调研发现大部分新手教师能够与所在院校的同事建立友好融洽的关系,但是由于新手教师入职后或者担任辅导员,或者承担多个教学班的教学任务,同事之间往往上课时间一致,导致新手教师很难有机会去同事课堂听课学习,只能在课间休息或者集中开会的时候见面交流。"平时除了开会,很多都见不到""休息的时候有什么问题就会接着去问"(教师 C)。90%以上的受访教师与同事交流很少,"一般都是工作上的答疑解惑"(XS-19),"在有问题的时候向教研室前辈请教或开会的时候问周围老师,和个别同事交流较多,生活教学科研等方面"(XS-10),或通过微信、QQ 等方式"交流教学问题,互相传达通知"(XS-96),与同事的交流"基本只通过朋友圈点赞的方式"(QX-67),主要是因为"微信便捷"(XS-96),"平时不去办公室,见到同事的机会少"(XS-62),"下课之后就各自回家,见面机会不多"(XS-10),"业余生活交集少"(XS-19)。虽然存在这种情况,部分新手教师(FT-1,FT-8)仍利用一切时机去优秀同行的课堂听课学习,并学习借鉴优秀经验,适时调适自己的课堂教学,提升自己的教学认同。可见,大学英语教师虽具有一定的发展能动性,能够积极主动地建立联系或寻求帮助,但同行之间往往缺乏系统、深入的教研交流,新手教师大多苦于寻求教学和研究等问题的指导和帮助,而院系没有切实可行的共同研学教学行动计划,更谈不上建立系统、有效的教学研究共同体,并未给新手教师营造良好的学习氛围和成长环境。

1. 我们同一个层次的老师上课的时间都是一模一样的,上完课之后在教师休息室,趁着20分钟赶快交流一下。那几个老师也是特别有经验,可是刚好我们的课程时间都是一样的,我没有机会去听他们的课。我以前很少在课上提问学生,因为我觉得提问比较浪费课堂的时间。但是后来我听了他们的课之后就觉得在课堂当中穿插提问是特别有效的一个事情。(FT-1)

2. 我们大学老师,我觉得可能每个学校情况是不是都差不多,我们见面的机会好像比较少。如果刚好碰上同个时间段上课的老师,比如同样周二上午上课的老师见面机会就比较多,相同的课间休息能够看到。其他的老师有时候甚至一个学期,除了开会基本上其他时间是见不到的。(FT-2)

3. 我听的(课)比较少一点,一方面是课程设置(的原因)吧。他们会听课,我们学校有评审(听课制度)。指不定你哪天哪节课就在外面有老师被听了。(FT-3)

4. 我也会请教一些同事,跟他们聊一聊。一般中午大概吃饭时间就会讨论,就会请教他们。(FT-5)

5. 我们平常见面的还行吧,就是开会的时候去见一下。我们学校我看大家都相处得特别融洽,我都会(觉得)稀奇。不是所有学院都能这样,但是我们学院每位老师之间都挺融洽的。我跟他们接触得比较少。有时候我跟那些老师聊天,感觉大家都挺亲切的。他们彼此之间也都挺亲切的,有什么忙大家都能帮。我们教研室主任也都特别照顾我,我有什么困难,我有什么问题不懂的就会问他,他都会非常详细地跟我解释。(FT-6)

6. 我觉得作为一个老师说,首先应该把讲台站稳,把课上好,我是第一次接触大学英语课,听课肯定是我必须要做的一件事情啊。(FT-8)

7. 因为<u>我们的课都很多</u>，就是我上课的时候他也上课，所以每周（我们几个年轻老师）聚一次餐，联络一下感情，聊聊最近工作上一些有意思的事情，或者说<u>工作上遇到的问题看别人能不能帮我出谋划策一下</u>。（集体教研）我们就利用中午休息时间搞的，所以我也就看了大概三四个老师上课吧，然后自己上了十分钟，到目前为止，就这么一个活动，其他的你说的那种集体备课，你说的这个呃，教研讨论，你说的这些东西都没有。（FT-9）

8. 我们现在普遍老师课都很多很多，老教师平均一周也得 12 节课，<u>时间都不合适</u>，很难有机会聚起来。聚起来的机会，其实最合适的就是周二下午，因为<u>只有那天下午所有老师是没课的</u>，但往往会开会。我们现在经常会听老师的课，但是<u>我们的课都比较多，而且我们的课都比较集中</u>。就像今天上午一样，你看全都是我们部的老师，<u>如果我的课跟我想听的那几位老师的课时间重叠了，我就肯定没办法去听</u>。（FT-10）

　　大学英语新手教师在与同事交流时，经常得到有经验的教师的指点和帮助，同事间的谈心、交流颇有收获。例如，"因为事务性工作繁重，我感到压力和疲惫，某位老师把自己新入职的经历与我分享"（XS-4）；"我在教学进度中有疑惑的地方，教研室老师详细地告诉我自己如何处理该进度，如何找相关人解决问题，给出答案"（XS-9）；"在餐厅和同事一起吃饭，聊到各自的授课方法，对方展示了各种她自己制作的课堂练习小工具，让我觉得仍然有很多东西值得需要去深入学习"（XS-10）；"我们教研室的老师聚在一起，大家就会自然而然开始讨论最近的教学状况、问题，还有解决方法，我很喜欢这种氛围"（XS-54）；"青年教师讲课，我很紧张，一位老教师告诉我放轻松并帮我梳理注意的地方"（XS-96）。这也验证了新手教师往往从有经验的教师那里寻求口头或书面的评价（Russell，1993：149），通过思考专家教师的教学实践实现学习和成长（McIntyre，1993：43），从而帮助自己提高教学能力。由此可见，部分院校的新手教师能够得到老教师的耐心指点和帮助，但是这种指导和帮助往往是在非正式场合，如吃饭或课间休息时，尚未有系统、深入的长效帮扶计划。

这一点也在关于"与同事交往最困难的事"中得到印证。例如,一位教师说:"一次想听某位老师的课程,老师明确表达了拒绝。"(XS‑4)可见,地方院校尚未建立新手教师听课学习、教学帮扶计划,导致新手教师缺乏观摩学习的机会,更谈不上被听课、被指导的教研行动。第一位访谈教师也流露了在同事中寻找科研伙伴的困难。另有老师反映:"刚开学,对工作不熟悉,又不好意思问"(XS‑89),"我把一位老师当成了另一位老师,很尴尬"(XS‑96),说明地方院校并未建立有效的新手教师融入新工作的机制,没有安排同事见面、专家指导等交流会,导致新手教师入职后很长一段时间内对工作、同事仍有陌生感,无法快速熟悉所在高校教师已有的"共享实践",遑论集体归属感和专业认同感。

> 目前我希望在同事里面,可以找到几个跟我可以一起做这个教改(课题)的,因为我现在有大量的学生可以做问卷,可以做访谈,但是没有老师,我总不能采访我自己吧。所以现在也是叫了我的一个同事跟我一起,但是这样的话时间就会拉得比较长,算是我目前的一个小困难吧。(FT‑1)

6.2.3 家人

对于本书中的部分大学英语新手教师而言,家人的影响是显而易见的,其中既有成长过程中父母职业的耳濡目染(FT‑1,FT‑10),也有入职高校后的精神鼓舞、物质保障(FT‑8)和技术指导(FT‑6),为他们专业认同的建立和提升提供了一定的支持。例如,第一位访谈教师的父母也是大学教师,父母的工作性质让她对其入职高校有重要影响,同时入职初期一些教学上的困惑也可以从父母那里得到指导和解决,在一定程度上提升了其作为大学英语教师的专业认同感。第六位访谈教师的丈夫也是一位高校教师,其科研困惑和技术问题能够从丈夫那里得到一定的帮助,为其科研认同的建立提供一定条件。第八位访谈教师在硕士毕业后曾有一年的高校工作经历,对于在家乡做大学英语教师兼辅导员的职业现状的满意度主要来自父母的经济支持和生活帮助。教师在生活中承担多种角色,总是努力保证生

活的完整性(wholeness)(Schaefer & Clandinin，2018：8)，但是当不同的角
色认同之间有冲突时，教师可能会出现负面情绪、专业困惑和动机减弱
(Garner & Kaplan，2019：12)。家庭成员，尤其是年幼的孩子也给女性教
师的专业认同建构带来影响。本书部分受访教师是年轻妈妈，业余时间很
大一部分用来照顾孩子(XS-5，XS-25，XS-37，XS-62，XS-94)或陪伴
家人(XS-13，XS-30，XS-43，XS-68，XS-82)，导致其只能完成基本的
教学任务，无暇顾及其他学习及科研活动，进而影响其专业认同的建立，这
与本书访谈获取的数据一致。

1. (我父母)他们也是大学老师，我们同事之间主要是以讨论为主，我
   自己遇到问题时要不就是自己反思一下，要不就是问问我爸妈。教
   学方面的问题，有时候是跟专业没有关系的，主要是请教一些比较
   经验的老师吧。(FT-1)

2. 我丈夫也搞科研，我(有问题)就会问他，因为他离我比较近嘛。我
   可能问如何去找资料，都有哪些渠道能够更快地找到一些资料，就
   这些技术上的问题。如果真的是要写文章的话，那需要我自己去看
   书，或者去读一些文章之类的。(FT-6)

3. 我们学校每年都举办混合式教学模式大赛，每个老师和学生都可以
   去听的，但是我没有时间，所以我就没去。(FT-6)

4. 香港的工作很累，这是我为什么后来决定不在香港工作了。我在香
   港工作的时候，头发就大把大把地掉，掉得有点恐怖，很辛苦，然后
   给老师翻译他的专著，翻译成中文，基本上一两个星期都得两三点
   睡觉。我妈妈就比较心疼我，回来喝中药，喝了很长时间。目前的
   这份工作虽然说挺辛苦的，但在其他方面很满意。很多事情不需要
   自己做了啊。在家里住吧，而且没有什么经济压力，毕竟在香港开
   销比较大。(FT-8)

5. 可能是家庭的原因吧，因为我爸爸也是老师，家里就一直灌输。我
   觉得女孩子当一个老师感觉好像比那些类似政府工作公务员啊要
   省心。(FT-10)

就新手教师的家庭经济状况而言,受访教师的支出主要用于日常花费,部分尚单身的教师能够自收自支,暂时没有太多经济压力(XS-2,XS-4,XS-22,XS-30,XS-68,XS-89,XS-96),但是很大一部分教师需养孩子(XS-5,XS-37)、还房贷(XS-14,XS-19,XS-25)等,认为自己工资收入过低,甚至导致"失落、沮丧、失望,甚至失去信心"(XS-9)。不难理解问卷最后一部分填写如何生活更幸福时,有14人直言希望收入可以增加(XS-5,XS-9,XS-14,XS-25,XS-37,XS-43,XS-67,XS-68,XS-72,XS-81,XS-82,XS-94,XS-96,XS-109),或有更多可供自由安排的时间(XS-2,XS-4,XS-4,XS-19,XS-30,XS-54),从而提升生活认同感和幸福感。

6.2.4 学生

学生是影响大学英语教师教学认同的重要因素。总体而言,与学生分享、课堂师生互动、学生取得进步可以给教师带来幸福感,而课堂气氛沉闷,学生学习态度消极则让很多新手教师不知所措。

调查问卷的开放性问题答案汇总(见表5-4)表明,就入职4~6年的大学英语教师而言,学生作为教师专业生活中的重要他人,对教师的专业认同有较大影响,学生的认可是教师满足感和幸福感的来源之一。例如,部分教师认为做教师能够"与学生共同成长,不断进步"(167),"与学生分享经历是快乐的"(57),但是"学生越来越不爱学习,作为教师,很心酸无奈"(38)。本书中受访教师均来自国内地方本科高校,从叙事问卷分析可见,在新手教师眼中,地方本科高校学生生源质量普遍不高,英语基础薄弱,考试动机较明显,部分学生的学习态度不够端正,尤其是艺术类学生,英语知识欠缺,学习英语的兴趣不高。大部分学生的英语学习目标主要是通过考试(XS-2,XS-9,XS-10,XS-13,XS-14,XS-22,XS-94,XS-96,XS-109),如四、六级(XS-4,XS-5,XS-30,XS-54,XS-96)、期末(XS-30)、专升本(XS-68)、考研(XS-54,XS-62)等,也有部分学生是为了出国或找工作(XS-10,XS-89,XS-109),个别学生是因为喜欢英语(XS-5),想提高英语水平(XS-4,XS-2)。就课堂表现而言,此类院校非英语专业的学生大部分可以认真听课、记笔记,部分学生积极参与互动,但也有部分学生开小差、睡觉、玩手机(XS-5,XS-13),可能是因为"听不懂,跟不上老师的节奏"(XS-54,XS-62)、"无法或不愿参与课堂互动"(XS-2)。尤其是艺术类专业的学生,"部分学生不喜欢英语,英语基础差"(XS-30),"艺体类学生整体学习主动性较差"(XS-67)。"要满足不同学生需求,要不停想出课堂活动,以免学生觉得无趣"(XS-72)。再加上课程的"教材内容较难"(XS-43),尤其是"高年级课本难度过大"(XS-10),"面对教材不知道怎么处理会更合适学生"(XS-22),导致"每节课备课都很辛苦"(XS-81)。由此可见,教师面对这些学生,备课具有一定挑战性,既要满足教学大纲的教学目标,完成教学计划中的课时任务,又要考虑学生的实际需求,从教学内容和教学方法上激发学生兴趣,调动学生积极性,参与课堂活动,最大限度地提高学生的获得感,从而也能提高自身的教学成就感和专业认同感。

"认同的产生具有互惠性,所以,教师的自身认同应通过他的学生不断建构起来,并且与学生通过教师建构的自身认同产生互惠。"(郭芳,2017:34)访谈数据分析发现,部分大英新手教师能够利用自己的专业知识捕捉学生心理,调整课堂教学行为。例如,教师 B 在教学中与学生建立平等的互助学习关系。第一位访谈教师认识到所在学校的学生现阶段在英语学习中的心理特点,并能够换位思考,努力调适自己的教学方法。

1. 刚开始给他们上第一节课的时候,我就说上咱们英语课,不管你的基础好不好,不管你学得到底好不好,哪怕你学得真的是特别差,那你也不要担心,也不要老是觉得你看我学得那么差,老师叫我回答问题我都不会,同学会不会有什么看法。我说一定要抛弃这种想法,在我的课堂上,我们都是平等的,咱们就是一块儿学习的。千万不要把老师看得高高在上,学生什么也不会的话会特别丢面子,这种思想别有。我也是从那个时候过来的,我也经历过你们现在这种状况。大家就放轻松上课,放轻松,然后跟着老师一块儿去获得一些东西就可以了。(FT-B)

2. (如何)把握学生真正的需求?我们学校班额比较大,就是一个班里人数比较多,不管你分几个层次,这个班里面最好的学生和这个班里面最差的学生都是有一定水平的英语差距的,那这个时候怎么去保证大部分的人都能够跟上我们这个教学节奏?其实学生们的反馈有的时候并不真实,可能有一个学生听懂了,而其他的人就一直跟着"嗯嗯嗯",就好像皇帝的新衣一样,怕别人知道自己没有听懂。(FT-1)

3. 很多时候他们不是不想学,而是可能真的就是跟不上。他们根本就表达不出来自己跟不上,有困难也不会去说,他不会去想要找老师寻求帮助,就好像找老师寻求帮助,就否认了自己一个 identity 的那种感觉。他们总会把老师放到一个对立面,表现出一种不在乎的样子来掩盖自己那种学不会的失落。可能就是我没有什么经验,有的时候会忽略了这一点,没有考虑到学生的心情,总是从自己的角度出发,就是觉得我讲的这个内容这么简单,为什么你们还不会,还跟不上。但是有的时候老师认为的难点和学生认为的难点之间一定是有一个落差的,所以我觉得教学效果不好,绝对不能再从学生身上找原因,一定要先从自己身上找原因,慢慢地把这个东西调整过来。(FT-1)

也有部分新手教师在教学实践中善于改进教学策略。例如,先导研究中教师 A 和 B 通过记住学生名字拉近与学生之间的距离,学生学习更加认真,从而提高课堂教学效果,教师的教学认同感得以提升。

1. 我正好提问到一个词的时候,就喊他的名字让他起来,当时他应该感觉很惊讶,可能他也没想到我能记得他的名字。这一次之后我就特意关注了一下,他还真是学英语认真了点,哈哈。(FT-A)

2. 我没有拿点名册就提了他的名字叫他回答问题,到了晚上他给我发QQ 消息,说:"老师,您是上大学以来第一个记住我名字的老师,特别感谢老师。"我觉得这对他们应该是有影响的,要不然这个小孩不会特别感激地跟我说"谢谢老师对我的关注"。记住了某个学生的名字会拉近你跟他之间的关系,他会觉得老师对他是关注的,关心的。(FT-B)

学生是影响大学英语课堂教学的最重要因素。在谈到最理想的一节课的时候,绝大多数被调研教师都谈到学生积极参与课堂互动会提升课堂效果。叙事问卷中大部分受访教师都提到了学生积极互动(XS-10,XS-62,XS-68),表明学生表现和课堂氛围是影响教师自我感觉的重要因素,如"课前导入部分学生参与积极,认真完成各项讨论和互动任务,整体氛围活跃"(XS-2),"积极性很高,课堂参与度很高,互动效果明显"(XS-13),"课堂上进行了小组间的比赛,学生比较积极"(XS-30),"学生在上课前已经认真预习,课上理解较快,反响较好"(XS-109)等。值得一提的是,有些院校的教师同时承担英语专业相关课程,他们往往把非英语专业学生与英语专业学生相比较,基本都对英语专业的课堂比较满意。因此,我们可以推断非英专学生基础薄弱,英语水平不均衡,如何改善大学英语教学仍值得思考。

1. 化工专业:"第一次带大一的学生,虽然是大一(下),但是班级纪律和学风明显和上学期教的大二学生不同。停电了几分钟,开始我没有停,学生们在黑漆漆的教室里拿手机照明。由于教材内容不难,且比较贴近日常生活,与同学们的互动效果良好。"(XS-10)

2. 应用数学专业:"我要求学生分组在课堂上针对 gender inequality 一个辩论赛,现场分组,给学生 15 分钟准备。这个话题与每位同学都相关,所以大家的积极性特别高,两个辩论小组辩论得很激烈,直到后面有些人觉得用英语说太慢了,无法表达自己,就向我申请用中文辩论。由于个别辩手很幽默,所以课堂上充满了欢声笑语。"(XS-62)

3. 国际贸易专业:"让大家即兴做英文自我介绍,一开始大家不太好意思,后来争着上讲台做自我介绍。"(XS-68)

访谈中受访教师也提到理想的课堂上学生总是积极参与,"不管说对还是说错敢于交流,敢于表达"(FT-A),"一旦说出一个问题来,他们会积极地发言或者小声地讨论,也不用提问,学生自动起来回答这个问题"(FT-B),"他们都能参与、都能互动,即使他是不会的状态,说的都是不对的"

(FT-1),"作为老师的我和作为学生的他们一直在互动,而且他们到最后的时候,我让他们操练的那些不管是语法点,还是那些技能上面的东西都能掌握"(FT-4)。正如第十位访谈教师与研究者分享的那样,学生的不同课堂表现对自己的课堂教学既有积极影响——"在某一个或两个班里就是讲得特别开心",也会被学生打乱自己的授课思路。可见,教师的教学认同一方面来自师生的积极互动,另一方面是学生能够学有所得。

> 我带的是小学教育(专业)的四个班级,上同样的课,但是每个班给你的反应是完全不一样的。我在某一个或两个班里就讲得特别开心,讲着讲着就会给他们拓展好多我备课的时候没有备过的内容。但是在那些反应不好的班里,就是真的(课堂氛围很不好),自己的思路也会被打乱,就不愿意讲了,别提发挥了,只讲之前备过的那些最基本的东西,有的时候整个思路就是乱的。但是要是学生反应比较好,你就算是真没有提前准备过,也会突然想到某个知识,然后就会给他们分享一些,我每次上这个班的课觉得很开心,时间过得也很快。(FT-10)

就一节失望的课而言,大部分受访新手教师反映主要由于学生的参与度不高,学生的学习态度不够端正,积极性不高(XS-54),"不少学生都长时间不按时完成课前预习与课后作业,课程推进不尽如人意"(XS-4),"整体课堂气氛异常沉闷,学生都低头不语或者玩手机,即使想办法也很难调动学生的积极性"(XS-67);或由于学生英语基础差,导致"互动无法很好进行"(XS-14),"听不懂,或者开小差"(XS-25);或由于班级规模过大,如"课堂人数超过100人,布置的作业一大半未完成,上课状态不好"(XS-109)。可见,由于地方院校的学生英语基础薄弱,或者大学英语作为公共课班级规模较大,导致课堂互动很难进行,教师的教学效能感不高,学生的学习获得感不强。

> 工商管理专业:"前一节课告诉学生我们要练习口语,结果上课那天发现出勤很不理想,因为不少同学认为口语没用,考试也不考,也惧怕开口,就逃避不来。这样的学习态度让我特别失望,但是事后我也反思了自己,应该给学生多增加文化(知识),慢慢帮助他们转变学习观念。"(XS-54)

新手教师谈到最担心的一堂课往往是"学生比较沉闷,或者说没有调动起来"(FT－A),"(课堂)气氛不好"(FT－1),"学生不跟我互动,整个课程感觉推不动"(FT－8),"害怕他们男生不认真听讲,导致下面有几个学生喧哗或者影响到其他同学,打乱我上课的那种节奏,显得课堂很混乱"(FT－B)。地方高校的学生英语基础薄弱,学习态度不够端正,课堂纪律不好往往给大学英语新手教师带来挫败感(FT－B,FT－,FT－3,FT－4,FT－5,FT－6,FT－8,FT－9,FT－10),对他们的教学认同产生消极影响。访谈中教师 B 提到部分学生"水平特别差,连一段话都读不流利"。第十位访谈教师说:"似乎我们现在的学生真的是口语能力太差了,他们根本不愿意开口去说话,他不交流啊,我就不知道该怎么让他们张口。"(FT－10)第一位和第十位访谈教师均提到学生的英语基础并不是最大的问题,"主要(问题)就是他们对于学习的一个态度"(FT－1),"有的同学根本也不把这个四级放在眼里"(FT－10),导致很难调动其学习的积极性。第八位访谈教师以辅导员身份入职,但是基于自己的专业基础,她积极参与听课学习,发现其所在高校的学生英语基础普遍不够扎实,导致大学英语的课堂互动不能很好地进行。第九位教师则看到了现在部分学生的英语基础比以往有所提高,学生的期待给教学提出了一定挑战,也意识到教学提升的紧迫性和重要性,这也是她不断反思教学,提升教学实践的动力和源泉。

1. 我可能是因为新老师吧,我的教学我个人感觉有一些不足,没有达到我预期的效果,这是我自身原因。然后再一点就是学生,虽然大一应该是属于热情比较高涨的时候,但是也有一部分学生,比如说理科那几个专业,他们上课的时候就比较吃力,学生大部分都是男生,男生又不太爱学英语,所以我觉得配合上也欠缺一点。(FT－B)

2. 跟自己的专业课相比,学生们对于大学英语这个课程特别不重视。我们学校(大英教学)是分等级的,一开始我教的是慢班。他们对于这个学习英语就是特别……好一点的学生和水平稍微差一点的学生之间的区别,主要就是他们对于学习的一个态度。很多学生,要调动他们的积极性,真的是太费劲了。上课之前是有一个预期的教

学效果的,但是<u>永远都达不到自己预期的那种效果</u>,还是<u>比较有挫</u>
<u>败感的</u>。(FT－1)

3. 我现在带的是属于大学英语里面的可以说最差的(学生),<u>基本上没</u>
<u>有多少英语底子那种</u>。你给他们说句型也不知道,他们什么都不知
道。<u>我们学校的很多学生基础比较差</u>。后来的反馈就是说他们<u>确</u>
<u>实是听不明白</u>,已经是<u>没有办法赶上课</u>,而且对他们的专业来说,英
语也不是很重要,我说即使这样,期末考试我们还是要努力。说到
这个学英语啊,是需要恒心,需要耐力的,<u>很多学生他真的是做不</u>
<u>到</u>。学两天他就坚持不下来,<u>他看也看不懂,也不愿意去问别人,不</u>
<u>愿意去深究</u>。我觉得人各有志吧,我只能尽力。(FT－3)

4. 他们<u>语言水平差</u>,其次对英语可能也没有什么太大的兴趣。没有办
法,很多学生都不能很好地自律,<u>我行我素</u>。(FT－4)

5. 去年上的是16级一个班,老教师不想上了,然后就是我接的。当时
去那个班,<u>上课没有人理你,全班没有一个人理你</u>。我讲我的,也没
有人理我。我讲完了,然后我提了一个问题,跟课本知识也没什么
关系,完全是(让学生)自由发挥,<u>没有人理我,没有人回应我,我记</u>
<u>得当时我就生气啊,我的书还扔在讲台上,我觉得我的眼泪就要出</u>
<u>来了</u>。(FT－5)

6. 大学本科生啊,他们的英语水平本来就不是很高,特别是在××学
院,他们的底子不是很扎实,所以有<u>很多学生听不懂,基础比较差</u>。
但是也有一部分的同学,他们的基础比较好,能跟得上进度。那么
怎样才能统一大家的进度,让大家都能够喜欢上英语课呢? 最大的
困难和挑战就是<u>班比较大</u>,没有办法保证每个人的水平都一样。太
难的话,后面就是几个太差的人,他们就跟不上。底子好的人呢,讲
得太容易,他们又觉得简单了,所以<u>众口难调</u>,因为班太大了。
(FT－6)

7. 我现在上课的时候也开始关注语法,要不然学生阅读都看不懂,尤
其是长难句,我们有的学生高考英语才考 79 分。就目前我自己听
的课来讲,<u>想把英语课上得有意思,学生跟你互动性强</u>,其实难度是

比较大的,尤其在我们现在这个学校。(FT-8)

8. 有的学生根本就听不懂你说什么,对于英语应该是<u>一窍不通</u>啊。他整堂课有百分之四五十的时间都在<u>走神</u>。有时候我发现有的<u>学生水平还不错的</u>。有时候我能感觉出来我讲的东西,他很有兴趣。当我想再往里面深究的时候我就发现自己能力不够,讲的不够好,所以希望可以再多学点东西。有时候这个问题提出来,大家都觉得很开心,很有意思,但有时候同学们就很安静,所以<u>我会通过不同学生的反应来调整我上课的思路和进度</u>。(希望)以后上课的时候能够更有魅力吧,将我的课上得更好、更完整。(FT-9)

9. 我们公外,大家好像都是为了过四、六级才学的吧。当然也会有少部分同学确实是对英语比较感兴趣,但是仅仅是很少的同学。我觉得他们学英语主要的原因是他们必须拿到<u>四级证</u>才可以获得学士学位,内在动机不是很强。所以我觉得学生还是被这些<u>外在的东西一直控制着</u>,学习效率并不高。有很多学生也正是因为<u>被这个四级牵着</u>,所以才去学习,但是如果过了这个学期,到第四学期的时候,过了的同学也不会学了,没过的同学也不会学。过了的同学,他就知道我的目标已经实现了呀,我已经四级正式拿到手啦。那些没过的人就觉得再怎么使劲也过不了。甚至有的同学<u>根本也不把四级放在眼里</u>,没有什么东西能够制约他们。(FT-10)

10. 我带的都是读写课,课文很长,是需要他们提前预习的。但是就算是前一周提前和他们说,你们必须要把课文预习好,还是有班级不预习,而且<u>相当的心安理得</u>。我就只能给他们留时间,让他们把课文读一遍。(他们)还是不读,然后玩手机。我曾经有几次被<u>气得胃疼</u>,气得胸闷。上课之后提问,<u>他们真的是没有一个人回应你</u>啊。(无论)你怎么引导,就算是点名让他们起来回答,<u>他们就在那一句话都不说</u>。他们能耗时间我们没法耗啊,因为我们的进度摆在那里。(FT-10)

总之,重要他人在大学英语新手教师专业认同的建立和形成过程中具有重要的影响,师长和家人对于该群体入职高校,建立专业认同起到重要作用。他们在入职初期对专业生活的认同感较强。这种认同感主要来自与学生的交流和对教学的激情。师长、同行和学生影响其教学认同,而新手教师的科研认同一方面来自周围同行的学习和科研氛围,另一方面来自所在高校的教研条件和科研体制。

6.3 工作环境

认同既存在于个人心智中(within the mind),又存在于社会情境中(within a social context)(Heisey, 2011:81)。大学英语教师的主要工作环境是高校,因此所在高校的教研条件和学校机制对大学英语新手教师专业认同有不可忽视的外在影响。笔者梳理质性部分数据发现影响新手教师专业认同的教研条件主要包括教学和办公等硬件设施、所教班级的学生规模、课程的时间安排、图书馆数据库等。学校机制主要是关于教师发展的相关政策,如新教师的入职培训、教研共同体建设、教学督导制度、教师考核体系等,以及其他与教师相关的学科建设、学生管理等方面。

6.3.1 教研条件

活动系统内部不同要素产生的张力是促进(encourage)或者阻滞(discourage)教师专业发展的主要力量(Osuna, 2003:117)。教师的专业学习活动离不开学校环境的支持(Scribner, 1999:261),大多数教师依赖良好的环境才能进行稳定、良好的工作(Johnson, 2004:117)。例如,校园设施和条件(教师休息室、多媒体电脑设备等)作为中介工具之一,对于教师组织教学活动具有较大的影响。教室不仅为教师提供工作场所,并且是教师专业成长重要的社会文化场域之一(Freeman & Johnson, 1998)。当叙事问卷提及教师对所在学校硬件环境的感受时,部分教师反映总体教学条件尚可,基本满足教学和科研需求。但是有相当多的受访教师对学校条件感到失望,认为学校条件有待提高,因为"硬件设施是学生学习教师教好的不可或缺的条件"(XS-67),而学校教室多媒体设备经常出故障(XS-94,XS-96),同时"图书馆书籍不够,数据库不够"(XS-22)。这一点在访谈中也得到部分高校大学英语教师的认同。例如,访谈教师 C 反映由于教室的空间设计不太合理,给课堂学生管理带来一定困难。第一位访谈教师称教室投影仪由于未得到及时维护,PPT 投影太淡,影响到课堂教学的效果。第四位访谈教师提到由于班级规模较大,而教室没有安装扩音器,"如果没有带麦克风,那(这节课)就完了""还有就是优盘没带啊,就是可能现在确实比较依赖课件"。在调查问卷中仅有 5.61％的教师对学校提供的工作条件基本满意。除教学相关设备外,第四位访谈教师还谈到做科研面临的困境之一就是学校的文献资源有限,在一定程度上影响了做科研的能动性和有效性。可见,地方高校给教师提供的教学设施和科研条件还有待提高,教师不论是在日常教学还是在学术研究活动中仍面临不少客观困难。

1. 他们班级人数多,100 多人,而且教室是那种狭长形的。他们坐到后面,上课的时候,我也不知道他们名字,也就真的没(管),顾不上他们。(FT-C)

2. 有的时候冬天早晨八点半特别冷的时候,个别教室 PPT 投影太淡了,就必须关着灯教学,这时候学生就会要不特别困,要不就觉得好像没有人看见自己了,产生一种想玩儿一会儿的想法,比较担心这种。(FT-1)

3. 学生也比较多吧,而且教室也比较拥挤。学生动不了,老师也只能在讲台上,最多在过道里面走一下。教学设施需要完善。(FT-3)

4. 说实话,你真的想做科研的话,(学校)有些平台支持不了,有很多东西都没有办法找得到。有时想看一些外文的数据,但学校资源比较有限。(FT-4)

教学工作量的安排作为活动分工和活动内容是教师的工作职责,也是教师专业生活活动系统的重要组成部分。除教学、科研等硬件条件外,地方高校的大学英语课班级规模、周课时量等课程安排也给大英新手教师的教学实践带来不小的挑战。首先,班级规模仍然很大,本次叙事问卷的调研中,80 人以上和 60～79 人的大学英语班级分别占 27.27％和 30％,导致课堂活动很难进行,学生水平参差不齐,教学效果不甚理想。

1. 从一开始我就定了规矩,玩手机的倒是不大多,<u>睡觉的挺多</u>,可能是成绩非常差的那种学生。<u>他们班级人数多,100多人</u>,而且教室是那种狭长形的。他们坐到后面,上课的时候,我也不知道他们的名字,也就真的<u>顾及不上他们</u>。(FT-C)

2. 我觉得语言学习本来就是<u>应该小班教学效果更好</u>。这种大班的情况下,你没有办法知道不互动的学生在想什么。(FT-4)

3. 最大的困难和挑战就是<u>班比较大,没有办法保证每个人的水平都一样</u>。太难的话,后面几个太差的人就跟不上了。底子好的人呢,讲得太容易的话,他们又觉得简单了,所以<u>众口难调</u>,因为<u>班太大了</u>。(FT-6)

4. <u>我很喜欢课程人数稍微少一点</u>,然后大家就可以分组。学生分组可以做不同的事情,我很喜欢这种方式。(FT-8)

其次,大学英语教师,尤其是新手教师的周课时量较大,叙事问卷中一半以上的教师周课时为12节及以上,接受访谈的11位新手教师中,除担任辅导员职务的两位外,其余九位周课时均为12节及以上。教学任务重,导致新手教师的课余时间大部分用于备课。在叙事问卷中,关于新手教师的业余时间安排,有九位教师直言大部分课余时间用来备课(XS-2,XS-10,XS-19,XS-22,XS-54,XS-72,XS-96,XS-109)。因为"作为新进教师,新课数量较大,需要花费较多时间熟悉课程"(XS-2),"新课,上课内容很多,需要时间来理清楚"(XS-72),"新手型教师的我没有积累,需花在备课上的时间较长"(XS-96)。这与本书调查问卷和访谈数据相一致。新手教师在入职前几年往往要么课时任务很重,周课时为12节甚至16节以上;要么除授课之外还要承担辅导员等行政任务,工作繁杂,导致部分教师的专业认同感和成就感缺失。

1. 没有时间写,事情还是很多呀。因为每天除了上课还要开会,然后自己还有一些事情。我觉得每次上完课之后就挺累了。<u>心有余而力不足</u>。(FT-3)

2. 目前我还没有定目标,因为我现在也没有办法定目标,我现在根本
没有办法实现我的目标。我现在就是大部分时间带小孩,<u>每天晚上
加班备课</u>,接下来的时间就是上课,没有时间去想我的目标。当然
如果可能的话,<u>时间充裕的话</u>,我希望我能够再写几篇文章发表,教
学方面当然是多培养一些优秀的学生。(FT - 6)

3. 因为我比较年轻,现在上 18 节课,基本上每一堂课都是至少百分之九
十的投入。有时候一天上六堂课,<u>一般老师就上疲掉了,就是很疲惫
啊</u>。但是即使有些东西已经讲过一遍,我还会讲得特别有意思,讲得
让学生喜欢这个东西。就精力而言,<u>18 节课我觉得还是有点多的</u>。
想学的东西太多了,但任务都重,可能<u>真</u>的是太忙,太累了。(FT - 9)

4. 现在很难抽出时间去干自己的事情啊。我带两个年级的课,所以我
要备两门课。现在<u>不是去上课就是在备课</u>,再就是给学生批作业。
<u>课比较多,而且其他事情也比较多</u>。我们现在普遍老师课都很多很
多,老教师平均一周也得 12 节课。我觉得<u>不应该给新入职的老师
排那么多课</u>。每个学校的特色还是不一样的,<u>最好能有更多的机会
去听一下</u>,去学习一下,我觉得这很重要。我们学校每年都有教学
竞赛,这种多去听听也是挺好的,但是<u>好像现在我们一般年轻老师
往往是课最多的</u>。我觉得学院<u>应该给我们提供机会</u>,让我们不断地
去学习,去充实自己,可学院现在似乎不管我们行不行,都要求我们
去上课。(FT - 10)

再次,不少新手教师坦言,大学英语作为公共基础课,课程安排时间趋
于一致,导致没有机会到优秀同行的教室听课学习。正如前文提到的那样,
教师忙于上课,同行之间缺乏交流学习的机会。只有当愿望和目标相符合
时,活动才能进行(Leont'ev,1981a)。大学英语新手教师一方面疲于备课、
上课,另一方面没有更多时间参与听课学习和投入科研,在很大程度上影响
了新手教师专业认同的建立和发展。

6.3.2 学校机制

一般来说,地方本科高校均有一定形式的新教师入职培训,但培训讲座

等指导往往是面向全体新入职教师进行的校史介绍、学科建设等相关情况介绍,缺乏学科针对性强的指导和建议,进而影响大学英语新手教师专业认同的建立。

1. 校本培训持续了大概一到两个星期,然后基本上是开始介绍我们××学院到底是怎么样的一个(大学),包括学校的教学宗旨、目标、特色等等,再讲师德师风的建设,还有项目申报的流程。可以申报哪些项目,包括省级校级等等,大概了解了一下。但是<u>基本上都是以流程为主</u>,没有讲科研申报书该怎么写。就是我想知道的,他没有讲。(FT-4)

2. 我们做大学老师,尤其是刚入职的老师<u>得不到系统训练</u>是什么意思呢,就是觉得自己现在的教育方法<u>不成系统</u>。我跟新老师交流,感觉每一个老师的教育方法都不成体系,很零散。(FT-9)

除入职培训外,地方高校在管理方面也存在一定问题。叙事问卷的数据表明,大学英语教师在科研方面面临较大困难,主要原因是可用于研究的时间不多(XS-10,XS-30,XS-62),自我努力不足(XS-19,XS-109),缺乏有效的指导(XS-37)。正如老师们所言,做研究并非一朝一夕的事,"需考虑有用性,与实际工作紧密结合"(XS-94),"要有大胆的猜想和创新,但要有严谨的态度和客观的数据做支撑"(XS-54),"是一个探索、查阅各种文献的过程"(XS-62)。问卷分析发现新手教师除正常教学工作以外,其他活动较多,占用大量时间。主要参与的教学类活动有第二课堂,如比赛指导和英语角等(XS-13,XS-14,XS-19,XS-54,XS-62,XS-109)、听课评课(XS-9,XS-68,XS-89,XS-96)、教学比赛(XS-2,XS-22)、讲授其他课程(XS-4)等;科研类的活动主要有教研科研项目(XS-37,XS-94)、青年教师培训(XS-19,XS-22)、校外教授讲座(XS-22)、学术会议(XS-9)等。可见,大英新手教师参与的活动以指导学生和听课评课等教学活动为主,学术活动尚有限,这与先导研究中了解的情况大体一致。对于这些正常教学以外的活动,大部分教师持肯定态度,认为指导学生"丰富了和学生接触的机会"(XS-14),"是老师了解学生的一个窗口,对教学很有帮助"

(XS-54),"让我更加了解大学英语课程改革相关事项"(XS-67);参与听课评课等活动可以"督促自己提高教学能力"(XS-2),"利于查漏补缺,寻找差距"(XS-96),"大大提升自身的教学"(XS-9),"有利于老师们的日常交流合作,促进业务水平的提高"(XS-68);参与项目申报则"带来新思路新方法"(XS-19),"对教学很有帮助,有助于个人提升"(XS-94)。可见,地方高校部分活动安排有利于大学英语教师专业认同的建构和发展,但是在课程安排、校外讲座、学生管理等方面仍存在一定问题。

值得一提的是,大学英语作为一门地方高校全校范围内的公共基础课,其课程安排过于集中化,未能预留一定时间给教师进行集体教研,缺乏常态化、体系化、制度化的教研活动,专家讲座也大多与大学英语教学研究无直接关联,导致新手教师缺乏参与学习讨论的机会,无法得到有针对性的指导,专业实践中的问题无法得到有效解决,专业认同的发展面临困境。所谓的青年教师导师制是让新手教师有听课机会,但是由于指导教师的课型、教材、学生都有较大差异,而且上课方式"还是很老一套的那种方法",导致新手教师感觉"没什么太大的收获"(FT-4)。也有部分教师指出,参与的活动"有的有用,有的没用"(XS-25),教研室活动、教研项目申报等"指导性不够,组织性不强"(XS-37),"听报告无意义"(XS-72),"学生工作占用了我的备课时间"(XS-82)。而教学外的其他事务牵涉太多精力,如"行政事务太多"(XS-30),而教学又有一种无形的评价杠杆,即"督导检查"(XS-72)。可见,部分地方高校对于大学英语课程的意义尚不明晰,尚未充分考虑教师之所想所需,未能从大学英语教师的需求出发安排学术讲座、项目申报指导、学术指导等工作,从而未能为大英教师专业认同的建立和提升提供健康的组织环境,营造良好的发展氛围。

1. 我们好像跟其他老师还没探讨科研的机会,还没探讨过。(FT-C)
2. 教研活动就是我们每个学期会举办几次,有教育技术培训之类的,也有教改会议等。普通的教学活动,我们一般都是以课程组开展的。本科我们是分 B1、B2、B3、B4,就是这个组的老师们以自己的课程组为单位开展一些会议。学期开始会有,期中检查的时候可能也会有,期末要开始命题之前也会有一次,就是一定会有三次,其他就

要看组内的情况。(FT-1)

3. 我们以<u>教研室为主</u>,个别时候坐在一起讨论一下课堂。<u>没有那么频繁吧</u>,主要是在大的<u>工作群里交流</u>,就这样。(FT-3)

4. <u>学校给我分的(指导)导师是文学方向的</u>。文学跟语言学研究的方法有很大区别,所以没有办法去问他。我如果有教学、科研问题的话,会去问以前读研究生期间的博士师兄和师姐。尤其科研方面,问他们会更直接一点。我们的<u>教研活动</u>,基本上都是比如某个老师去研修了,回来跟我们<u>分享</u>一下啊。我们也会讨论大学英语的<u>口语课怎么上</u>,大家有什么方法等之类的。但是我更想要的是那种大家上一样的课的时候的那种<u>集体备课</u>,就比如说这一单元,哪几个老师一起备啊,下一单元哪几个老师一起备,然后再磨一磨这样。(FT-4)

5. 我们学院总共有九个科研团队,大外和英语专业的是在一起的,不是分开的。大家会在一起集体讨论如何去申报课题,如何去做研究,会有一些这样类型的研讨会,自己团队之内的研讨会。(成立科研团队)可能利于大家一起集思广益,碰撞出一些火花,产生一些灵感,<u>但是不一定真的能起到作用</u>,真正搞科研的话,其实<u>一个人就可以了</u>。我觉得自己一个人搞科研效率会高一些,跟他们讨论来讨论去的话,可能就是<u>浪费时间</u>在唠嗑上。(FT-6)

6. 请了一批专家来这边教他们使用一些软件去分析数据,因为他们要做一些数据调查,但是我这个文学专业是<u>不需要这个的</u>,对我的用处不是很大。(FT-6)

7. 科研这块,<u>目前不知道问谁,也不知道问啥</u>。因为现在学校没有对新老师科研提供帮助,没有老教师带着我们来做。我目前是<u>真的不知道从何下手</u>。(FT-9)

8. 迫于时间关系,因为老师都想下午上完课就走,我们就利用<u>中午休息时间搞的</u>,所以我也就看了大概三四个老师上课吧,然后自己上了十分钟。到目前为止,就这么一个活动,其他的你说的那种集体备课、教研讨论都没有。你说(学校)重视(大英)这个问题很难回

答,因为<u>学校没有营造出来这种氛围</u>,看不见这个氛围。(FT‐9)

另外,地方高校的学生管理有待规范提高,专任辅导员队伍建设有待加强。本书中部分大学英语教师提到目前大学英语教学受到学生活动的部分影响,比如,学生参与过多与英语相关性不大的实践活动,未能营造出全校范围内的英语学习氛围(FT‐3,FT‐10),导致学生没有足够时间和精力完成学习任务。虽然智能手机通过一些教学 APP 给大学英语教学带来一定辅助作用(FT‐1),但是在很大程度上影响学生的课堂学习效率,对此大部分新手教师(FT‐4,FT‐5,FT‐6,FT‐10)的应对措施是提醒,并通过平时成绩的扣减发挥一定的震慑作用。但也有教师(FT‐8)肯定了学生上课玩手机的积极作用,"学生如果还玩手机就是提醒你"需要调整教学内容和方式了。部分大英新手教师入职后兼任辅导员,劳心费力,在很大程度上影响了教学和科研。

1. 优校园的这个平台是专门针对大学英语教学的。有很多的功能可以<u>把老师们从一些繁琐的工作当中解放出来</u>。学生可以直接登录学生端听录音,预习单词,看重点。课后练习题都可以直接在系统里做,做完之后可以看到答案。它可以(让老师)看到每一个学生每一个部分学了多少,学了多长时间,做的练习题得了多少分。上课还可以进行点名、签到。<u>整体来说,我觉得还是比较不错的</u>。(FT‐1)

2. 没有办法,很多学生都不能很好地自律,<u>我行我素</u>。有老师还说还有学生交那种假手机,太头疼了。(FT‐4)

3. 我就会给他们讲,<u>但凡被我发现你玩手机两次以内</u>,我可以原谅你,但是如果你超过了两次,那我一次就给你减掉两分,我们就看你的平时分够不够减。还好我的课玩手机的学生比较少。(FT‐5)

4. 最失望的一节课就是看到学生看手机。本来课堂上有一个人看手机,我就点他起来回答问题,他没回答出来。我已经说他了,后来又碰到一个同学还在看手机。<u>我一直盯着他看</u>,他还是在看手机,没有反应过来,然后我就生气了,我就跟大家说不能看手机,再看手机就<u>扣分</u>。(FT‐6)

5. 学生上课是不能用手机的,手机全是上交的。其实我有时候不喜欢这点,因为学生如果上课玩手机就是提醒你,你不要去讲了,学生很烦,要换一个话题了。(FT-8)

6. 不知道现在的学生到底是怎么了,课上的时候看到他们玩手机,我会默默地走到他们身边,他们就会收起手机来。可是当我转身的那一刻,马上就拿出来玩。(FT-10)

7. 有时候也不是学生不想学,他们太累了,活动太多了,什么篮球比赛啊,又这比赛那比赛,不知道怎么样去协调,学生确实是很累。我觉得有时候很无奈,学生很多时间就被耗在不同的活动上了。我现在也是导师,我想找个时间开会都找不着学生。(FT-3)

8. 我觉得学校不怎么重视公外的老师,一直都说怎么我们这两年英语四级的过关率太低了,公外老师一定要抓紧。四级过关率不高好像都是我们老师的问题。真的是嘛,我觉得整个学校在这方面没有创造这么一个有利于英语学习的环境啊,对吧?(FT-10)

再次,地方高校的教学督导制度在一定程度上提高了教师对于课堂教学重要性的认识,规范了课堂教学活动,提升了课堂教学效果。但个别高校有矫枉过正的情况,如教室安装摄像头,监控并统计学生的课堂抬头率等,这种做法给大英教师造成一定的心理负担,一定程度上影响了教学效果。除正常的教学工作外,各种教学、科研相关的档案材料的整理占据较多时间。部分新手教师还承担学院教学或科研秘书的工作,需要投入更多的课下时间,这也造成一定的工作负担。

1. 这个学期事情比较杂,各种材料提交,也是很烦躁的。今年要本科评估,各种试卷的整改,各种材料的上交,教案的提交,教案的格式的修改就占据了大部分时间,没有额外的时间,只能够完成基本的教学任务。(FT-2)

2. 我们新入职的老师每年都要申请让督导组来听我们的课。我们学校要求,如果督导组不听你的课的话,年轻老师不能转正,转正的老师不能评职称,评职称的老师不能去参加比赛。(FT-8)

3. 我们学校每间教室都有<u>监控</u>,每星期要通报学生上课的抬头率。<u>统计学生上课的抬头率</u>对于老师来说也是一种压力。如果说抬头率不高的话,等于是学生不听你课啊。老师上课肯定是要慢慢要提高自己(课)的趣味性。除了这一个压力以外,如果<u>我们上课前三排座位不坐学生的话,是算教学事故的</u>。(FT-8)

4. 现在我的杂事特别多,给老师下通知,发邮件,收邮件,整理邮件,<u>事情太多了</u>。当然年轻老师多干点也是应该的,但是感觉并没有去锻炼自己,<u>没法干自己的事情</u>。很多事情,包括现在整个外院的科研工作也是都是我负责的。虽然好像看起来没什么,但是<u>真的很杂</u>。统计一些信息,包括要去学校里找一些领导签字,关键是你去的时候领导不一定在,所以真的<u>很浪费时间,多跑很多腿</u>,回来之后上完课精力很难支撑下去。(FT-10)

教师科研考核和职称评审体系对大学英语新手教师的专业认同有极大影响。叙事问卷中有接近一半的受访教师称自己对所在学校的职称评审制度不清楚(XS-10,XS-19,XS-22,XS-62,XS-67,XS-72,XS-81,XS-94,XS-96,XS-109),因为对于学校的制度"没有相关讲解培训且经常变更"(XS-19),"文件不清"(XS-94)等。也有受访教师认为,学校职称评审非常严格(XS-9,XS-37,XS-68,XS-81,XS-89)。有一半左右的新手教师提到学校的科研要求给自己带来压力(XS-2,XS-5,XS-25,XS-54,XS-72,XS-82,XS-89)。但大部分受访教师对所在学校的科研奖励制度持认可态度,认为严格的科研奖罚制度可以"促使自己进步,公平竞争"(XS-5),"能激发年轻教师的积极性"(XS-13),"奖励代表了学校对老师科研工作的认可,得到荣誉的同时还有钱,多好啊"(XS-54),"科研道路上有了动力"(XS-68)。也有大英教师反映所在学校的职称评审制度不算合理,因为"只看科研成果不看教学成果"(XS-25),"不利于文科专业"(XS-10)等。可见,高校职称评审制度仍需改善,使之更具科学性和合理性。

最后,据受访教师反映,某些地方高校对于大学英语课程的重要性缺乏足够的重视,对大学英语教师的专业学习和专业发展支持不足,如学校会对理工科专业的教师有政策上的倾斜,"外语的(教师)想读博就是没有那么支持"(FT-2),这对大学英语新手教师的专业发展有一定消极影响。

1. 整个学校对大学英语好像不怎么重视,我们的课程还被减少了。<u>他们觉得英语课多一点少一点都不重要。</u>学校好像要离职才可以读<u>书</u>,今年好像又支持读博。学校政策不怎么支持我们外国语学院的老师读博,在职读博他们就不愿意了。每个学院的政策还不太一样,理工的会支持带薪读博。对外语的就不行,<u>外语教师想读博就没有那么支持</u>。(FT-2)

2. 也有想过会去读博,不是因为对教学这个事情很不满意,而是觉得整个环境可能需要再改变一点。(FT-4)

3. 我们学校的领导不晓得为什么,总感觉不重视教学,不重视老师,就是行政大过天的感觉,他们就<u>不支持老师的发展</u>,所以我觉得我还是蛮失望的,还是想考博吧。(FT-5)

总之,地方高校的大学英语教师面临教学任务重、教研氛围少、科研要求高、职称评审难等现实问题,部分量化数据也表明其归属感和认同感有待提高(表6-1)。

表6-1 大学英语教师归属感部分量化数据

题　　项	A. 非常同意	B. 比较同意	C. 不确定	D. 比较不同意	E. 非常不同意
65. 我在学校有归属感	18.32%	37.94%	25.05%	12.52%	6.17%
66. 我在院系有归属感	18.32%	40%	25.61%	10.47%	5.61%
67. 我在教研室有归属感	25.05%	44.49%	19.63%	8.22%	2.62%

6.4　小结

地方高校的大学英语新手教师在建构专业认同,实现专业成长的过程中面临诸多困难,陷入学生、学校、社会和自我的冲突性期待的纠结(a struggle of conflicting expections)中(Hsu, 2009: 392)。如学生英语基础薄弱,学校大学英语课程安排过于集中,部分新手教师除授课任务重之外还担任辅导员或科研秘书,学院没有常态化教研活动,职称评审制度严格,教师考评专业发展缺乏学校政策支持,专业学习既缺乏教研讨论的机会,又面临文献资料不足等现实原因,加上个人性格或家庭因素,导致新手教师无法进行有效的专业学习活动,专业认同的提升陷入困境。第 7 章将讨论大学英语新手教师专业认同的提升路径。

第7章
大学英语新手教师专业认同提升路径

基于前两章关于大学英语新手教师专业认同现状和影响因素的调查研究,本章拟分析地方本科高校大学英语新手教师的专业发展期望,同时探讨他们专业认同的提升路径,为地方本科高校的大学英语新手教师专业认同建构和发展提供参考。

7.1 提升专业能力

本节从语言能力和学术能力两个方面阐述大学英语新手教师专业认同提升路径之一,即专业能力的提升。

7.1.1 语言能力提升

英语语言能力是大学英语教师应具备的基本特征之一,不仅包括英语的听、说、读、写、译等基本技能,还包括有关英语语言的基本知识,如语言学、文学、翻译、跨文化交际等领域的相关理论和实践知识。语言能力是大学英语新手教师建立专业认同的基础。只有具备良好的英语语言能力,大英教师才能有自我实现感和专业认同感。对于"外教社杯"全国高校英语教学大赛中参赛选手的表现,部分专家认为,仍有一部分青年教师存在英语基本功不够好、知识面窄(王守仁,2010)、语言准确性不够(束定芳,2012)、口语表达质量不高(黄源深,2014)等问题。各个省市选拔出的获奖选手尚且如此,本书中地方高校的大多数新手教师也恐难避免此类问题。"语言能力包括外语能力和母语能力"(王雪梅,2013:199),"母语水平不高,外语再怎么学水平也高不到哪里去"(潘文国,2013)。本书在调研过程中也发现地方高校中部分大学英语教师普通话有些发音尚且不够标准,更不用讲其课堂教学中的英语表达了。"在走出大学、踏上教师岗位的时候,他们的基本功就很一般,而多年来光吃老本,没有及时充电""在语言基本功修炼上,教师既缺乏内在动力,又少了外在激励"(黄源深,2014)。刘富华(2017)的调研也发现语言使用频度和外界环境是造成高校英语教师语言能力不高的主要原因。从以下访谈节选可见,部分教师意识到自身语言能力不足,能够主动坚持英语语言技能的练习和提高,但由于主客观方面的原因,其语言能力尚待提升。主要原因有两个：一是语言基础不扎实，自我训练意识不足；二是缺乏有利的外在环境和系统的培训学习。

1. 我们首先要<u>保持自己专业的语言素养</u>，保证教学的质量，然后才能去补充一些科研的知识，科研要花大量的时间。我们目前一般是用中文来研究的，可能英语这块（就欠缺）。××这地方不像那些大城市，他们有英语语言的环境，如果我们长期待在这边，然后又一直用<u>中文去科研的话，我们的英语会退化的</u>。我现在比较顾虑的就是这一点。（FT-2）

2. 每天都会听（英语），之前每天都会听，但是我觉得（自己）<u>写作这方面可能还得加强</u>。（FT-3）

3. 有意识地去看一些英语文章，目的是为了不让我的英语被我的学生拉拽下去。想保持一下（之前的英语水平）。（FT-4）

4. 目前（提高自己）做得最多的一件事情就是<u>听一些比较厉害的老师讲一些名著</u>，如《傲慢与偏见》这样的文学作品。然后再去听一下怎么解释的。想学的东西太多了，但真的是没时间，<u>时间很少，任务很重</u>。（FT-9）

提升大学英语新手教师语言能力应积极采取一些举措。第一，鼓励教师在课堂更多地使用英语，加强学生在课堂语言学习中的获得感。数据分析发现大多数地方高校的大学英语新手教师的课堂用语是中文为主、英文为辅，既不利于教师自身的口语训练，又减少了学生的语言输入。因此，地方高校应鼓励大学英语教师在课堂中逐步转变现有的形式，如在教学督导听课测评中增加教学用语一栏，激励教师在备课时进行英语语言准备，增加课堂上的英语表达，逐步提升英语的语言能力。第二，大学英语课程的人文性应体现在教学内容可以潜移默化地传输正能量，促进学生健康、全面发展（王守仁，2013：11）。作为一门文科类公共课程，地方高校应注重大学英语的课程体系建设，统筹安排，逐步构建兼具人文性和工具性特点的多类别、多层次的课程群，如根据学生的层次和专业设置各级各类大学英语相关的选修课，鼓励新手教师根据自己的研究专长开设语言类、文学类、文化类等选修课,通过新的课程促进教师提升语言能力。第三,丰富大学英语教师的课外语言生活。提高校内第二课堂活动的质量,通过举办活动提高非英语专业学生的英语学习兴趣和热情,鼓励新手教师指导并参与学生的第二课堂活动,在全校范围内营造师生共同学习、共同提升的语言氛围。组建中英文经典作品读书兴趣小组,在线上用微信群分享,在线下举办读书笔记分享会。举办青年教师演讲、辩论、写作、翻译等比赛类活动,参赛结果可作为年终考核和职称评聘的参考。以活动促学习,以比赛促提高,激励大学英语新手教师不断提升自己的各项语言技能和知识储备。最后,大学英语新手教师应提高学习自主性,研究者也非常认同第十位访谈教师的观点,即教师自己要坚持学习,在不断提高语言技能的同时提高专业素养,增加教学效能感,提升专业认同。

> 我觉得词汇是最基本的。有的时候会阅读一些英文杂志啊,文章呀。我觉得自己也是有待提高的吧,因为有的时候在备课的时候也会碰到一些知识,自己也觉得很困惑。所以我觉得学无止境。如果我们自身不提高的话,怎么把知识给学生呀。(FT‐10)

总之,大学英语新手教师的语言能力提升是个长期的过程,各地方高校要足够重视,统筹规划,逐步营造全体师生共同学英语、共同用英语的氛围,从而不断提升教师的语言能力和教学水准,为高质量人才培养奠定基础。

7.1.2　学术能力提升

王雪梅(2009,2013)曾将学术能力分解为语言能力、知识能力和研究能力,三者互为融合,互相促进。本书所涉及的学术能力主要是指大学英语教师通过独立思考发现问题,运用一定研究方法和研究工具研究问题,并通过思辨创新在一定程度上解决问题的研究能力。正如部分被访者所言,地方高校的大学英语教师大多面临教学任务繁重、职称评比困难的现实问题,往往学术能力欠缺,学术能力提升的动力不足,再加上所在高校的学术资源等科研条件有限,导致该群体教师陷入专业认同困惑,影响专业发展。

首先,要注重大学英语新手教师的一体化培养,实行"职前职后一体化"

(亓明俊、王雪梅,2017:75)的发展策略。一方面,英语专业研究生教育现阶段依然存在一些问题(陈宏志、王雪梅,2013),亟须改革。英语专业本科生和研究生是大学英语教师的主要来源群体,在其培养过程中应合理定位培养目标,注重课程体系建设,如开设专门的学术阅读、学术写作等课程,加强其科研意识的培养和学术素养的提升,为高校教学科研人员储备力量,并为其入职后的科研实践奠定基础。另一方面,调研发现部分大学英语新手教师将自我认同变为专业学习的持续动力,有强烈的专业发展需求。应加强对入职后大学英语新手教师的科研指导,如地方高校在制定专家进校讲座计划,实施"请进来"策略时,应广泛采纳大学英语教师的建议,充分考虑外语学科的特殊性和教师的科研需求,邀请各领域专家进校讲学或报告,在文献检索、文献阅读、科研选题、研究方法、研究工具等方面提供专题培训,并预留充分的时间给新手教师与专家的交流,为新手教师答疑解惑指点迷津,助力新手教师学术能力的提升。同时开展不同内容和不同形式的教研活动,将培训和教研活动记录作为教师考评的指标之一,不断提高新手教师的科研效能感,防止职业倦怠,提升专业认同。

其次,部分新手教师直言希望学校多提供教师外出进修和培训的机会(XS-13),"能有更多的机会进行深造"(XS-30),"不断提升专业能力"(XS-89),通过不断的专业学习实现专业自我的获得感。地方高校应鼓励新教师走出去,如进修访学、读博等。根据研究兴趣确定研究方向,博士专业应不限于英语相关专业,鼓励教师选择文化类、管理类、商务类等专业,拓宽大学英语教师的研究视野,提升整体学历层次和学术水准。一方面,学校应提供资金和政策的支持,确保该群体教师在进修提升的同时有基本的生活保障,免除其后顾之忧;另一方面,学校应给予在外进修、读博的青年教师以人文关怀,定期邀请他们回校汇报交流学习成果,不仅可以给学院教师带来新鲜的学术食粮,同时能够加强新手教师的集体归属感和认同感。总之,学术能力发展"应遵循多元需求原则、认知情感原则、动态发展原则和系统科学原则"(王雪梅,2013:200),地方高校应实行"走出去,请进来"的战略,以发展的眼光帮助大学英语新手教师培养研究力,提升认同感。

7.2　加强教研学习

本节从建立青年教师导师制和教师教研小组制两个方面阐述大学英语新手教师专业认同提升路径之二,即教研学习的加强。

7.2.1　青年教师导师制

相对于其他人文学科,外语学科在高校中的积淀不足,地位不高,难出成果,地方高校更是困难重重,大学英语新手教师往往面临研究前沿不知、研究方向不定、研究方法不会的尴尬局面。本次调研发现虽然大部分地方高校给新入职的青年教师配备指导教师,但是部分指导教师与新手教师承担课程和研究方向不一致,或课程安排时间冲突,导致新手教师无法在教学和科研上得到有效的指导。新手教师有强烈的谋求归属感、认同感、存在感的需求和愿望,他们渴望成为一名好老师、一位好的合作者和一个有力的团队成员(Schaefer & Clandinin,2018:6)。但量化调查表明仅有不足 20% 的大学英语教师认为自己在所在高校和学院有归属感。在教研室的归属感略高(25%),说明新手教师的主要专业实践发生于所在教研室。学院和学校范围内的教研实践明显缺乏,导致其归属感不强。本研究中部分新手教师坦言希望得到更多指导,帮助自己提升教学和科研能力。

> 我有三个导师,但我这个导师比较尴尬。因为我是辅导员,所以马克思主义学院的(老师)就成为了我的主导师。我们学院还有老师做我的副导师,还有一个辅导员做第三位导师。只要是教得好的老师我都愿意让他当我的导师。我比较喜欢问老师问题。(FT-8)

笔者认为,地方高校大学英语新手教师的导师不应局限于本学院、本学科的教师,应扩展至其他学科和外校导师,为新手教师建立多元、立体的指导体系。王守仁(2017)指出,要在学科建设中提升教师的学术研究能力。地方高校应着力改进现有的青年教师导师制,将导师范围扩展至其他学院和学校。具体而言,外语学院应着力在学院内部培养学科发展带头人,带领大学英语教师挖掘地方特色,发现科学研究的创新点,突破大学英语的研究瓶颈。地方高校除继续保留教学督导制之外,应根据外语学院大学英语教师的研究需求,在全校范围内挖掘各学科的优秀教师做新手教师的专业指导教师,为他们的专业研究或进修提供一定指导。聘请校外专家指导青年教师的学术实践,帮助新手教师提高专业领域知识,尽早确定可行的研究方向,在论文写作、项目申报等方面给予个性化指导。划拨专项资金建立校内外全面、科学的导师指导体系,通过线下交流与线上指导相结合,实现新手教师指导的无缝对接,给教师提供更多的学习请教机会,提供教学、科研的双重指导保障,从而帮助他们明确方向和目标,在改进教学和科研实践的过程中不断增强归属感和认同感。

7.2.2 教师教研小组制

教师专业学习要通过参与中的反思与对话实现。学校可通过组织集体教研的方式为教师提供学习的活动场景(Joyce & Showers,1988:271)。相对于传统意义上的垂直(vertical)教师发展模式而言,教师更倾向于互相提供水平(horizontal)支持,而不是采用专家提供的标准操作办法,从而针对面临的问题建构新的、更适合他们当前情境的解决办法(Wells,2010:329)。教师的反思不只是与自己教学经验的对话,而是多重声音的对话(张庆华,2015:190)。杜威(Dewey,1990)认为,一个人应该能够利用别人的经验来弥补个人直接经验的狭隘性。因此,教师学习共同体能够为教师提供学习间接经验的机会,从而帮助个体"找到生成主体间意义的方式"(Greene,1995:39)。教学机构有责任为所有成员提供一个协调有序的(orchestrated)支持性学习环境(Tharp & Gallimore,1988:91)。笔者发现大部分地方本科高校或没有系统的教研学习活动,或现有的教研活动成效尚不显著。大学英语新手教师希望学校和院系能举办更多听课、研讨会、交流会等集体活动,以增加教师同行之间的互动,从而让教师"有更多的机会和每个同事有深入的交流"(XS-62),"再多一些了解"(XS-89)。

地方高校组建教研小组或学习共同体能够帮助大学英语新手教师实现与同行的对话,在认知与情感两方面为新手教师提供支持性学习环境。首先,教研小组能够为新手教师的专业学习和专业认同提供认知基础。在教学方面,可以进行尝试性的合班或者合作教学,给新手教师提供观摩学习的机会;也可以组织新手教师观看优秀教师的课堂录像,帮助其将直接经验和间接经验相结合,实现个人知识的内部转化。地方高校的大学英语教研共同体还应纳入不同学院、不同学科和专业的教师,开展合作教学或研究,为跨学科复合型人才培养奠定基础。其次,在科研方面,应凝练研究方向,汇聚各方智慧,根据大学英语新手教师的研究兴趣和需求组建研究小组。学校和学院应提供有针对性的工作坊和教师培训课程,并为这种统一性的学习提供后续支持,如长期、稳定的专项资金保证指导教师的一对一帮扶、以学术微信群形式举办的文献阅读分享会、研究方法学习组等多种形式的学习共同体活动等。通过分层分类的学习内容和线上线下的学习形式构建一个良性的学习生态圈,不断助力大学英语教师的可持续发展。

其次,教研小组能够为大学英语新手教师的专业学习提供情感支持。情感在以目标为导向(goal-oriented)的活动中是重要的组成部分(Osuna,2003:16)。共同体为成员提供学习支架和共享理解,引导成员走向共享的愿景和目标(Mitchell & Sackney,2011:54)。学习共同体的发展轨迹并不总是前进的、上升的,会有反复甚至倒退。良好的人际关系可以为教师专业认同建构中的冲突起到缓冲作用(buffer)(Ye & Zhao,2019)。即使是非正式的团队或小组学习活动也能给新手教师提供帮助或建议,从而给他们带来幸福感(Lecat et al.,2018;van der Wal et al.,2019)。因此,教研共同体应合理安排各种学习活动,给予共同体成员更多的非正式交流时间,从而建立信任感,为共同的学习实践活动奠定情感基础。

7.3　提供发展保障

本节从优化教研环境和改进学校机制两个方面阐述大学英语新手教师专业认同提升路径之三,即为教师专业发展提供保障。

7.3.1　优化教研环境

教师从事专业学习、参与集体教研是提升专业认同的关键。教研条件是指为大学英语教师专业学习提供的包括场地、设备、时间、资金在内的一切客观条件。"教师的学习是情境依赖的,本质上是一种社会文化活动,是发生在实践共同体中的,不同的工作环境会促使专业人员不同的发展。"(陈向明,2013:3)学校的工作条件和环境可以影响教师的专业学习动机(Scribner,1999)。良好的工作条件和学习环境能够为大学英语教师的学习活动提供有效的中介工具。教师参与以目标为导向的、以工具作调节的活动(goal-oriented, artifact-mediated activity)(Osuna,2003:116)是实现专业认同建构,促进专业发展的主要手段和推动力。本研究中有教师在调查问卷中坦言做大学英语教师"忙碌但却经常没成就感;渴求进步但却苦于分身乏术""干着工程师的活,拿着清洁工的待遇""目前是谋生的手段,空有一腔热情"。正如6.3.1小节中的数据分析所示,教室设备陈旧、课堂教学获得感不强是影响新手教师教学认同的重要环境因素。地方高校给教师提供的科研资源有限,在一定程度上影响了大学英语新手教师的科研认同。可见,由于受到所在高校的物理环境制约,大学英语教师专业认同不足。

地方高校应着力改善各项教研条件,为新手教师创造良好的教学和学习环境。一方面,学校和学院应改善校内设施、设备,安排专人维修保障教室设备的运转,定期更新计算机软件和投影仪设备,为教师配备便携式扩音器,在教室内安排可活动的桌椅,为大学英语课堂活动提供便利,为提升大学英语课堂教学质量提供保障,为新手教师的教学认同奠定基础。地方高校还应为教师营造良好的教师学习空间,如可购置部分专业期刊和经典书籍,在已有的办公场地开辟专门的读书角,提供带有投影设备的小型会议室,给新手教师提供与指导教师和同行进行面对面交流的场所等,为集体教研提供必要的客观条件。

另一方面,专业学习需要时间、财力等资源的保障作为基础(Aubusson et al., 2007; Hardy, 2010; Mitchell & Sackney, 2011)。时间是教师进行协作学习的重要影响因素(Louis, 1994; Adelman & Walking-Eagle, 1997; Louis et al., 1999; Hargreaves, 2003)。研究表明教师普遍想要有更多时间与同事交流观点(Yarger et al., 1976),行政和科研学习的时间分配

应合理(Joyce & Showers，1988：271)。地方高校应设置专任学生辅导员、教学秘书、科研秘书岗位,合理安排大学英语新手教师的工作任务,如适当减少新任教师的课时工作量,给新手教师预留互相听课的观摩学习和学术研究的时间。可根据新手教师在教研小组中的表现,给入职 2～3 年的大学英语新手教师提供 3～6 个月不等的带薪轮流学术休假,给予其充分的时间和资金保障到外校、外地进行学术交流和调研,进行科学研究,激励其产出一定的研究成果。根据马斯洛(Maslow,1954)的需求层次理论,地方本科高校应继续改革教师薪资体制,在最大程度上着力改善青年教师的福利待遇,满足其保证一定的生活质量的基本需求,从而为其追求高一层次的需求并最终达到自我实现(self-actualization)奠定坚实的基础。

7.3.2　改进学校机制

陈向明(2013：3)指出:"教师的学习必须是主动的、自我发起和自我导向的,而不应该是外部强加的。很多教师学习不主动,不是因为他们不想学习,而是因为各种外部因素的制约。如果得到一定条件和制度的支持,教师是能够成为主动学习的专业工作者的。"德西(Deci,1971)将动机分为内部动机(intrinsic motivation)和外部激励(extrinsic motivation)。本书中大多数地方高校均实行科研奖励机制,给教师投身科研提供了一定的外部激励。但是往往新手教师科研成果的数量和质量均不尽如人意,外在激励没有起到积极的作用(Titmuss,1971)。可能的原因一是部分地方高校大学英语课程安排不尽合理,新手教师往往教学任务重,精力主要用于熟悉教学或承担其他行政管理工作,在专业学习和教研中投入时间较少;二是大学英语课程的定位不够清晰,现有的教师测评和职称评聘偏重科研成果,弱化教学测评,导致部分新手英语教师对科研望而却步;三是尚未建立系统、有效的科研共同体,缺乏对新手教师的科研指导和帮扶,再加上硕士阶段的学术训练不足,新手教师对于如何做科研还是一头雾水。

(学校)但凡有什么活动,如果没有时间了,一定会选大学英语(的上课时间)来搞。(FT‐5)

内化(internalization)是在外部材料工具帮助下将外部层面转化为心理、意识层面的过程(Leont'ev, 1981a: 55)。地方高校在教师考评中应大力破除"五唯"指标(唯论文、唯帽子、唯职称、唯学历、唯奖项),继续探究更加科学的多维多层次教师考核体系,改变教师考核唯教学或唯科研的单一化政策,激励并引导大学英语新手教师投入专业学习和实践活动,促进知识内化,提升专业认同。例如,除教学和科研工作量外,加入社会服务等因素的考量,坚持以人为本的原则,从而"建立回归生命价值的教师管理和评价体制"(范琳、杨杰瑛,2015),激发教师投身专业生活的积极性,帮助其提升专业认同。首先,从提升大学英语新手教师的语言能力入手,设立教师语言能力定期考核制度,将语言考核结果纳入年终考评和职称评聘,促使教师远离惰性(inertia),提高其语言学习的自主性和能动性,为实现自我认同奠定基础。其次,在教学方面,继续实施教学督导听课制度,并鼓励新手教师参加教学比赛及其他语言技能类比赛,将听课和比赛结果纳入职称评聘参考范围,激励新手教师积极投入课程开发和课程体系建设,增加教学在教师测评中的比例,提升新手教师的教学认同。再次,在科研方面,建立有利于新手教师积极投入科研的激励机制,如将见习期间的科研成果计入职称评级,激励新手教师一入职就积极投身科研;通过大学英语教研微信群传递学习信息,汇报学习内容,分享学习心得;实行科研小组捆绑打分制,鼓励教师以开放的心态与同事互相分享学习,以平和的心态共同参与科研评比等,在学习和互动中共同得到提高;地方本科高校的科研量化评价机制应考虑学科差异,为教师提供学习讨论的机会,充分给予他们专业成长的时间。最后,"共同体是积极的爱的结果"(郭芳,2017: 229),教师工作属于情感劳动,在构建教师学习共同体的过程中需要特别关注教师的个人感受,帮助教师协调好家庭、工作之间的矛盾,实现专业学习和个人生活的平衡发展(Hargreaves, 1994; Scribner, 1999; 陈向明, 2013)。除激励机制外,地方高校还应坚持以人为本的原则,在政策制定上让大学英语教师享有一定的参与权、决策权、监督权,加强对新手教师的人文关怀,制定相关政策时应从消除教师的困惑、满足教师的需求出发,促进教师专业认同的提升。

7.4　小结

　　基于前期研究(亓明俊、王雪梅,2017)和调研数据,笔者认为,大学英语新手教师专业认同的提升主要有提升专业能力、加强教研学习、提供发展保障三个主要途径(见图 7-1)。从反思型实践理论出发,教师需在语言能力和科研能力方面加强学习,通过反思实现知识的内化,不断提高专业认同。教研学习小组是教师专业学习共同体的具体表征,是教师进行对话、协商的主要途径,教师在沟通中提高个人反思力,夯实教学和科研能力,走向专业认同。地方高校应为大学英语新手教师创造良好的专业学习环境,为教师从事教学、科研活动提供良好的资源和工具,实现学习活动系统的有效运转,从而助力该群体教师专业认同的提升。

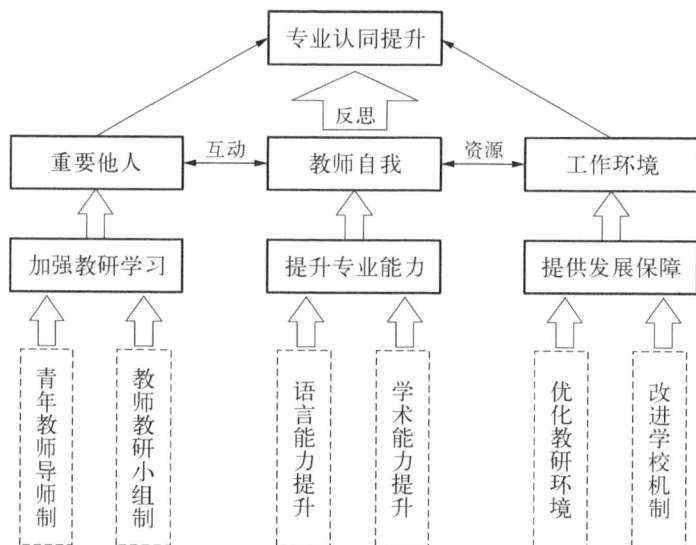

图 7-1　大学英语新手教师专业认同提升路径

　　康纳利和克兰迪宁(Connelly & Clandinin,1990)曾强调教育经验具有连续性、交互性和情境性的特点。对地方高校的大学英语新手教师而言,以提升专业认同为目标的专业学习实践活动也可从以上三个角度考虑。从连续性来看,应从源头抓起,加强职前英语教师,即英语专业研究生的语言技能和学术能力培养,为大学英语教师的可持续发展奠定基础;新手教师入职后应坚持学习,不断进行个人反思,提升专业认同。从交互性来看,应加强教师专业学习共同体建设,开展常态化、体系化、制度化的正式及非正式学习活动,为新手教师提供与专家、同行、学生对话的机会,帮助其在对话协商中推进反思性实践,为建构专业认同搭建支架。从情境性来看,学校文化、共同体内其他成员个性以及共同体的其他因素均是影响指导教师专业身份形成的重要因素(Kwan & Lopez-Real,2010),地方高校应为新手教师的教研活动提供充足的时间、良好的硬件和合理的评价方式,在全校范围内营造良好的专业学习环境,帮助大学英语新手教师在教研共同体中快乐学习的同时增强归属感和认同感。

第 8 章
结　论

本章首先综述全书的研究,其次从理论和实践两个方面总结了本书研究的创新之处,最后指出本书研究的局限之处和对未来研究的展望,提出大英新手教师提升专业认同的实践应具有的育人、教学和科研三个向度。学习共同体应该是大学英语新手教师的生活方式,也是专业认同和专业发展的必经之路。

8.1 研究综述

本书聚焦地方本科高校的大学英语新手教师,采用质性研究方法,结合量化调查,探究了大学英语新手教师专业认同的现状,并分析其影响因素,提出发展路径。笔者认为,教师专业认同的构建是教师专业发展的关键因素之一,教师参与专业学习是提高专业认同的重要途径。教师作为具有能动作用的成员通过参与不同的教学和学术实践活动发挥不同活动子系统机制之间的相互作用,实现活动系统内部各要素的积极互动,不断突破个人的最近发展区,提高实践的概念化和理论化,实现对自我和他人的新认识,从而提高专业认同,促进专业发展。

本书试图呈现我国不同地区地方高校的大学英语新手教师的专业认同现状,通过故事分享大学英语教师的职初经历和感受,分析其教学、科研的经验,探求其行为背后的本质。本书发现大学英语教师在入职初期对专业生活的认同感较强,这种认同感主要来自与学生的交流和对教学的激情。随着工作经验的增长,一部分教师面对日益严格的教师考核机制和学生学习需求的转变,苦于没有团队一起从事教学和科研研究,缺乏归属感,没有专家指导,缺乏获得感,逐渐陷入专业发展的困境。总体而言,大学英语新手教师整体面貌积极向上,专业认同呈现个性化特征。有部分教师虽有寻求专业发展的意愿,但囿于环境和体制及个人因素的影响,导致专业认同感缺失,专业发展困难重重。这在一定程度上印证了约翰逊等(Johnson et al.,2014)所指出的新手教师在入职初期会面临如课堂教学现实与理想的反差较大、缺乏有效的入职培训、学校文化不利于专业学习等各种困境。因此,亟需建立大学英语教师专业学习共同体,给新手教师提供切实可行的教学和科研指导,帮助其快速适应高校教师的教学科研角色,在集体学习活动中建立专业认同感。也有部分教师积极寻求专业发展机会,专业认同感十分强烈,证实了文秋芳和张虹(2017:70)的发现,即地方院校的大学英语新手教师具有强烈的发展意愿,渴望导师的引领和同事之间的合作,反映了该群体教师提高专业认同的积极态度。地方高校的大学英语新手教师或教学任务重,或承担辅导员、院系的教学或科研秘书等行政职务,一方面无暇顾及科研,另一方面既缺乏专家指导,又缺乏学术共同体的学习氛围。

就大学英语新手教师专业认同的影响因素而言,首先,教师自身的成长背景、专业素养和从业经历是影响教师专业认同建立的个人因素;其次,师长、同行、家人和学生是影响新手教师专业认同建构的重要他人,新手教师在与这些重要他人的互动中实现自我发展;最后,地方本科高校的教研条件和考评制度为新手教师的专业认同提供重要环境,成为制约新手教师专业认同建构的重要外在影响因素。

"师者,传道授业解惑也。"基于大学英语新手教师专业认同的现状和影响因素,笔者认为,新手教师提升专业认同的实践应具有以下三个向度。一是育人向度,"教师的专业发展的最高境界不是他向学生灌输多少知识,而是他是否能通过反思内省将自身内在的人类精神光大至极并潜移默化地影响学生"(张志泉,2008:8)。教师应在教学中全面、客观地跟学生讲解语言文化知识,在提高学生英语语言技能的同时传递人文情怀和感恩之心,帮助学生提高发现问题、认识问题的能力,掌握分析问题、解决问题的方法,帮助当代大学生树立正确的人生观和价值观,尊重学生,爱护学生,努力帮助他们成长为具有国际视野、关注人类共同发展、适应国际化趋势的高素质人才,从而在学生的获得感中找到自我认同的实现感。二是教学向度,精研专业知识,夯实个人技能,帮助学生掌握良好的英语学习方法,"授之以鱼不如授之以渔",掌握好的学习方法能够让学生的学习事半功倍。例如,可以在"互联网+"背景下与学生共同探讨如何用互联网移动设备、大数据等服务于外语学习,提高大学英语课堂教学的质量,在有限的课时中推进师生学习共同体的建立与完善,实现课堂教学效果的最大化,并指导学生高效利用课下的碎片化时间提高英语的听、说、读、写技能,全方位地为应用型人才培养奠定语言和知识基础,实现作为大学英语教师的理想教学认同。三是科研向度,新手教师应在反思实践中改善教学,在改善教学中思考理论,实时追踪相关研究领域的最新文献,充分利用各种机会参与国内外学术会议,结合个人实践和院校实际尽可能多写论文多投稿,积极参与申报各级各类研究课题,将理论与实践相结合,以教学促科研,以科研助教学,在提高个人学术素养的同时加强作为科研人员子身份的专业认同,推动自我实现。

总之,教师专业认同不是朝圣式的,而是旅行式的(周淑卿,2006:87)。大学英语新手教师专业认同的建构与发展也应该是一个融合实践、认知和情感的复杂的互动过程。应从实践角度凸显教学、科研和育人的价值体现,从认知角度加强全校范围内的教研学习,通过改善教研条件、改进学校机制为专业学习共同体建设提供保障,通过加强指导和同行对话推动反思和内化。从情感角度坚持以人为本,在认可与尊重的基础上建立同行之间的信任,实现作为人的个人认同和作为教师的专业认同之间的不断磋商,从而逐步催生幸福感和认同感。让学习共同体成为一种生活方式,成为大学英语教师的自觉行为,在互信互利的基础上走出一条积极向上的专业成长之路。

8.2 研究创新和启示

本书以地方高校大学英语新手教师为研究对象,勾画了他们的专业认同现状,构建了专业认同的理论模型,为该群体教师的专业发展提供启示,对外语教师发展领域的研究有一定借鉴意义。本书的创新之处主要在于理论和实践两个方面。

在理论方面,本书厘清了大学英语教师专业认同的内涵,分析了实践共同体理论、社会文化理论和反思性实践概念与大学英语教师专业认同建构的内在关联,并从以上理论出发构建了大学英语教师专业认同发展路径,明晰了教师专业认同与教师学习的关系,指出专业认同的建构实质上是教师专业学习的结果。拓宽了学习共同体理论的应用,提高了社会文化理论,尤其是活动理论的解释力,为教师专业认同研究引入新的理论视角,为大学英语教师专业认同研究提供了一定启示,并对教师专业认同研究具有普遍借鉴意义。

在实践方面,本书探究了地方高校大学英语新手教师在多重角色下专业认同的认知与实践现状,分析了影响其专业认同建构的主客观因素,对英语专业研究生培养、大学英语教师群体专业发展和地方高校管理政策的制定均有一定启示意义。首先,本书对英语专业研究生培养提供启示,各高校应加强专业课程体系建设,注重顶层设计,在加强英语专业研究生语言基本功的同时着力培养其学术能力,提高其科研素养,为大学英语储备更多能够同时胜任教学和科研的优秀师资。其次,本书为大学英语教师专业发展提供方向,为他们的学习和实践提供一定指导。新手教师应调整心态,建立专业认同目标,积极投入专业学习。在提升个人素养方面,可以强化语言基本功,增加文献阅读时间,撰写学习日记等;在教学方面,可以寻求听课讨论的机会,参加备课研讨等;在科研方面,可以参加学术报告、学术工作坊等。最后,本书的研究发现能够为地方高校管理政策制定提供借鉴,如完善现有的新教师入职培训,建立系统、长效的大学英语教研学习共同体,为大英教师专业认同的建立提供良好的学习和发展环境。

8.3 研究局限和展望

本书对地方高校的大学英语新手教师的专业认同现状和影响因素进行探究,研究发现具有一定的理论和现实意义,但也不可避免地存在一定局限性。从研究对象而言,本书聚焦我国地方本科高校,研究对象以便利抽样为主,未能保证样本的随机性,在结论的可推广性上有一定局限。研究方法以质性研究为主,主要采用叙事问卷和访谈的方式获取数据,其中叙事问卷由于完全采用主观汇报的形式,回收的答卷有一部分内容空白,一定程度上影响了数据分析;正式访谈由于占用时间较长,每位受访教师基本仅进行了一次访谈,同时调查问卷本身的质量也影响调研的数据。研究者本身有地方高校大学英语教学的体验,并进入现场采集数据,在数据采集和汇报时不排除有一定的主观性。

后续可着重进行对比研究,如地方高校不同阶段大学英语教师的专业认同发展,也可以深入对比有无海外经历的新手教师的专业认同,探究我国沿海地区和内陆地区地方高校、部属、省属等高校和地方高校的大学英语教师专业认同的异同。不同阶段、不同经历、不同区域的大学英语教师专业认同值得进一步研究。

附录1　大学英语教师专业
认同调查问卷

亲爱的老师们:

你们好!我是上海外国语大学的亓明俊,我的研究课题是大学英语教师的专业认同。我希望通过研究大学英语教师群体的专业故事,让我们反思自己的成长,让社会倾听我们的心声。现邀请非英语专业的大学英语教师拨冗填写问卷,完成问卷大约需要10分钟,感谢您的支持!

一、您的基本情况

1. 您的性别:［单选题］*

　　○A. 男　　　　　　○B. 女

2. 您的年龄:［单选题］*

　　○A. 25 岁以下　　○B. 26～35 岁　　○C. 36～45 岁　　○D. 45 岁以上

3. 工作单位所在省份(市):［填空题］*

　　_____

4. 您的最高学位:［单选题］*

　　○A. 学士　　　　　○B. 硕士　　　　　○C. 博士　　　　　○D. 其他

5. 您的高校教龄:［单选题］*

　　○A. 0～3 年　　○B. 4～6 年　　　○C. 7～10 年　　○D. 11 年以上

6. 您的职称级别:［单选题］*

　　○A. 助教及以下　○B. 讲师　　　　　○C. 副教授　　　○D. 教授

7. 您的出国经历:［单选题］*

　　○A. 无

　　○B. 有(国家/时间,例如美国/1 年)　_____

二、目标认同

8. 帮助学生了解英语国家的文化是大学英语教师的重要任务。［单选题］*

　　○A. 非常同意　　○B. 比较同意　　○C. 不确定　　　　○D. 比较不同意
　　○E. 非常不同意

9. 帮助学生提高用英语写专业论文的能力是大学英语教师的重要任务。
　　［单选题］*

　　○A. 非常同意　　○B. 比较同意　　○C. 不确定　　　　○D. 比较不同意
　　○E. 非常不同意

10. 大学英语教师就是大学英语教学和研究者。［单选题］*

　　○A. 非常同意　○B. 比较同意　　○C. 不确定　　　　○D. 比较不同意
　　○E. 非常不同意

11. 大学英语教师要以促进学生个体发展为使命。［单选题］*

　　○A. 非常同意　○B. 比较同意　　○C. 不确定　　　　○D. 比较不同意
　　○E. 非常不同意

12. 撰写科研论文是大学英语教师必须完成的重要工作。［单选题］*

　　○A. 非常同意　○B. 比较同意　　○C. 不确定　　　　○D. 比较不同意
　　○E. 非常不同意

13. 不断更新教学法知识是大学英语教师的重要任务。［单选题］*

　　○A. 非常同意　○B. 比较同意　　○C. 不确定　　　　○D. 比较不同意
　　○E. 非常不同意

14. 不断提高信息技术素养是大学英语教师的重要任务。［单选题］*

　　○A. 非常同意　○B. 比较同意　　○C. 不确定　　　　○D. 比较不同意
　　○E. 非常不同意

三、实践认同

15. 我积极主动地承担教学任务。［单选题］*

　　○A. 非常同意　○B. 比较同意　　○C. 不确定　　　　○D. 比较不同意
　　○E. 非常不同意

16. 我课前充分备课。［单选题］*

○A. 非常同意　○B. 比较同意　　○C. 不确定　　○D. 比较不同意
○E. 非常不同意

17. 我根据学生的性格特点设计教学活动。[单选题]*
　　○A. 非常同意　○B. 比较同意　　○C. 不确定　　○D. 比较不同意
　　○E. 非常不同意

18. 我重视培养学生的学习方法。[单选题]*
　　○A. 非常同意　○B. 比较同意　　○C. 不确定　　○D. 比较不同意
　　○E. 非常不同意

19. 我努力上好每一节课。[单选题]*
　　○A. 非常同意　○B. 比较同意　　○C. 不确定　　○D. 比较不同意
　　○E. 非常不同意

20. 我根据学生的实际情况调整课堂教学。[单选题]*
　　○A. 非常同意　○B. 比较同意　　○C. 不确定　　○D. 比较不同意
　　○E. 非常不同意

21. 我调动学生积极性参与课堂活动。[单选题]*
　　○A. 非常同意　○B. 比较同意　　○C. 不确定　　○D. 比较不同意
　　○E. 非常不同意

22. 我与学生分享为人处世的道理。[单选题]*
　　○A. 非常同意　○B. 比较同意　　○C. 不确定　　○D. 比较不同意
　　○E. 非常不同意

23. 我与学生保持良好的关系。[单选题]*
　　○A. 非常同意　○B. 比较同意　　○C. 不确定　　○D. 比较不同意
　　○E. 非常不同意

24. 我课下经常反思教学。[单选题]*
　　○A. 非常同意　○B. 比较同意　　○C. 不确定　　○D. 比较不同意
　　○E. 非常不同意

25. 我主动学习专业英语相关课程（如商务英语、法律英语、医学英语等）。[单选题]*
　　○A. 非常同意　○B. 比较同意　　○C. 不确定　　○D. 比较不同意

○E. 非常不同意

26. 我与同事保持良好的关系。[单选题]*

○A. 非常同意　○B. 比较同意　○C. 不确定　○D. 比较不同意
○E. 非常不同意

27. 我与同事探讨如何上好课。[单选题]*

○A. 非常同意　○B. 比较同意　○C. 不确定　○D. 比较不同意
○E. 非常不同意

28. 我与同事分享一节成功的课。[单选题]*

○A. 非常同意　○B. 比较同意　○C. 不确定　○D. 比较不同意
○E. 非常不同意

29. 我与同事分享一节失败的课。[单选题]*

○A. 非常同意　○B. 比较同意　○C. 不确定　○D. 比较不同意
○E. 非常不同意

30. 我与同事探讨如何做科研。[单选题]*

○A. 非常同意　○B. 比较同意　○C. 不确定　○D. 比较不同意
○E. 非常不同意

31. 我与同事探讨如何查文献。[单选题]*

○A. 非常同意　○B. 比较同意　○C. 不确定　○D. 比较不同意
○E. 非常不同意

32. 我与同事探讨如何写论文。[单选题]*

○A. 非常同意　○B. 比较同意　○C. 不确定　○D. 比较不同意
○E. 非常不同意

33. 我与同事探讨如何给期刊投稿。[单选题]*

○A. 非常同意　○B. 比较同意　○C. 不确定　○D. 比较不同意
○E. 非常不同意

34. 我与同事探讨如何申报研究课题。[单选题]*

○A. 非常同意　○B. 比较同意　○C. 不确定　○D. 比较不同意
○E. 非常不同意

35. 我努力提高自己的科研能力。[单选题]*

○A. 非常同意　○B. 比较同意　　○C. 不确定　　○D. 比较不同意
○E. 非常不同意

36. 我主动浏览学术刊物。［单选题］*
　　○A. 非常同意　○B. 比较同意　　○C. 不确定　　○D. 比较不同意
　　○E. 非常不同意

37. 我主动阅读专业书籍。［单选题］*
　　○A. 非常同意　○B. 比较同意　　○C. 不确定　　○D. 比较不同意
　　○E. 非常不同意

38. 我主动参加学术会议。［单选题］*
　　○A. 非常同意　○B. 比较同意　　○C. 不确定　　○D. 比较不同意
　　○E. 非常不同意

39. 我主动参加学术讲座。［单选题］*
　　○A. 非常同意　○B. 比较同意　　○C. 不确定　　○D. 比较不同意
　　○E. 非常不同意

40. 我积极申报研究课题。［单选题］*
　　○A. 非常同意　○B. 比较同意　　○C. 不确定　　○D. 比较不同意
　　○E. 非常不同意

41. 我积极撰写研究论文。［单选题］*
　　○A. 非常同意　○B. 比较同意　　○C. 不确定　　○D. 比较不同意
　　○E. 非常不同意

四、情感认同

42. 我为自己是大学英语教师感到骄傲。［单选题］*
　　○A. 非常同意　○B. 比较同意　　○C. 不确定　　○D. 比较不同意
　　○E. 非常不同意

43. 我满意当前的工资待遇。［单选题］*
　　○A. 非常同意　○B. 比较同意　　○C. 不确定　　○D. 比较不同意
　　○E. 非常不同意

44. 我对学校提供的工作条件基本满意。［单选题］*

○A. 非常同意 ○B. 比较同意 ○C. 不确定 ○D. 比较不同意
○E. 非常不同意

45. 我在教学中有成就感。[单选题]*
   ○A. 非常同意 ○B. 比较同意 ○C. 不确定 ○D. 比较不同意
   ○E. 非常不同意

46. 即使将来有其他更好的工作机会,我也不会离开大学英语教师岗位。
   [单选题]*
   ○A. 非常同意 ○B. 比较同意 ○C. 不确定 ○D. 比较不同意
   ○E. 非常不同意

47. 我享受大学英语教师这一职业。[单选题]*
   ○A. 非常同意 ○B. 比较同意 ○C. 不确定 ○D. 比较不同意
   ○E. 非常不同意

48. 我相信自己是个好老师。[单选题]*
   ○A. 非常同意 ○B. 比较同意 ○C. 不确定 ○D. 比较不同意
   ○E. 非常不同意

49. 我怀疑自己是否是当老师的料。[单选题]*
   ○A. 非常同意 ○B. 比较同意 ○C. 不确定 ○D. 比较不同意
   ○E. 非常不同意

50. 如果放弃做科研,我会感到失落。[单选题]*
   ○A. 非常同意 ○B. 比较同意 ○C. 不确定 ○D. 比较不同意
   ○E. 非常不同意

51. 我乐意与学生交流。[单选题]*
   ○A. 非常同意 ○B. 比较同意 ○C. 不确定 ○D. 比较不同意
   ○E. 非常不同意

52. 我乐意与同事交流教学。[单选题]*
   ○A. 非常同意 ○B. 比较同意 ○C. 不确定 ○D. 比较不同意
   ○E. 非常不同意

53. 我乐意与同事交流科研。[单选题]*
   ○A. 非常同意 ○B. 比较同意 ○C. 不确定 ○D. 比较不同意

○E. 非常不同意

54. 作为大学英语教师，我有荣誉感。［单选题］*
　　○A. 非常同意　○B. 比较同意　　○C. 不确定　　○D. 比较不同意
　　○E. 非常不同意

55. 我从未想过改行做其他职业。［单选题］*
　　○A. 非常同意　○B. 比较同意　　○C. 不确定　　○D. 比较不同意
　　○E. 非常不同意

56. 作为大学英语教师，我感到受人尊重。［单选题］*
　　○A. 非常同意　○B. 比较同意　　○C. 不确定　　○D. 比较不同意
　　○E. 非常不同意

57. 我已经厌倦大学英语教师这份职业。［单选题］*
　　○A. 非常同意　○B. 比较同意　　○C. 不确定　　○D. 比较不同意
　　○E. 非常不同意

58. 我有责任把学生教好。［单选题］*
　　○A. 非常同意　○B. 比较同意　　○C. 不确定　　○D. 比较不同意
　　○E. 非常不同意

59. 帮助学生学习是一件有意义的事。［单选题］*
　　○A. 非常同意　○B. 比较同意　　○C. 不确定　　○D. 比较不同意
　　○E. 非常不同意

60. 帮助同事进步是一件有意义的事。［单选题］*
　　○A. 非常同意　○B. 比较同意　　○C. 不确定　　○D. 比较不同意
　　○E. 非常不同意

61. 我在乎别人如何看待大学英语教师群体。［单选题］*
　　○A. 非常同意　○B. 比较同意　　○C. 不确定　　○D. 比较不同意
　　○E. 非常不同意

62. 我后悔进入大学英语教师队伍。［单选题］*
　　○A. 非常同意　○B. 比较同意　　○C. 不确定　　○D. 比较不同意
　　○E. 非常不同意

63. 我对工作富有热情。［单选题］*

　　○A. 非常同意　○B. 比较同意　　○C. 不确定　　　○D. 比较不同意
　　○E. 非常不同意

64. 投入工作时,我感到幸福。[单选题]*
　　○A. 非常同意　○B. 比较同意　　○C. 不确定　　　○D. 比较不同意
　　○E. 非常不同意

65. 我在学校有归属感。[单选题]*
　　○A. 非常同意　○B. 比较同意　　○C. 不确定　　　○D. 比较不同意
　　○E. 非常不同意

66. 我在院系有归属感。[单选题]*
　　○A. 非常同意　○B. 比较同意　　○C. 不确定　　　○D. 比较不同意
　　○E. 非常不同意

67. 我在教研室有归属感。[单选题]*
　　○A. 非常同意　○B. 比较同意　　○C. 不确定　　　○D. 比较不同意
　　○E. 非常不同意

68. 请您用一句话概括您做一名大学英语教师的感受:[填空题]*

　　_____

69. 我本人也是一名英语教师,深刻理解您作为一名大学英语教师的辛苦与
　　忙碌。如果您愿意参加后期访谈,与我交流教学和科研的体会,我将非
　　常感激。请留下您认为方便的联系方式:[填空题]

　　_____

附录 2 正式调查问卷独立样本 t 检验分析结果

		方差方程的 Levene 检验		均值方程的 t 检验						
		F	Sig.	t	df	Sig.（双侧）	均值差值	标准误差值	差分的 95% 置信区间	
									下限	上限
an8	假设方差相等	17.778	.000	7.868	533	.000	.431 88	.054 89	.324 06	.539 71
	假设方差不相等			7.854	475.728	.000	.431 88	.054 99	.323 83	.539 94
an9	假设方差相等	8.643	.003	7.294	533	.000	.645 48	.088 49	.471 65	.819 32
	假设方差不相等			7.291	528.581	.000	.645 48	.088 53	.471 56	.819 40
an10	假设方差相等	12.286	.000	4.994	533	.000	.375 59	.075 21	.227 84	.523 34
	假设方差不相等			4.994	532.979	.000	.375 59	.075 21	.227 86	.523 33
an11	假设方差相等	.735	.392	7.419	533	.000	.501 57	.067 61	.368 75	.634 38
	假设方差不相等			7.405	475.912	.000	.501 57	.067 74	.368 46	.634 67

		方差方程的 Levene 检验		均值方程的 t 检验						
		F	Sig.	t	df	Sig.（双侧）	均值差值	标准误差值	差分的 95% 置信区间	
									下限	上限
an12	假设方差相等	1.762	.185	7.993	533	.000	.797 59	.099 78	.601 58	.993 61
	假设方差不相等			7.997	530.378	.000	.797 59	.099 74	.601 67	.993 52
an13	假设方差相等	5.398	.021	10.236	533	.000	.544 67	.053 21	.440 13	.649 20
	假设方差不相等			10.214	464.767	.000	.544 67	.053 32	.439 88	.649 45
an14	假设方差相等	.309	.578	7.879	533	.000	.440 16	.055 86	.330 42	.549 90
	假设方差不相等			7.874	523.398	.000	.440 16	.055 90	.330 34	.549 98
an15	假设方差相等	24.647	.000	9.070	533	.000	.457 82	.050 48	.358 66	.556 98
	假设方差不相等			9.053	479.109	.000	.457 82	.050 57	.358 46	.557 19
an16	假设方差相等	297.753	.000	9.852	533	.000	.410 86	.041 70	.328 94	.492 79
	假设方差不相等			9.818	380.326	.000	.410 86	.041 85	.328 58	.493 15
an17	假设方差相等	2.627	.106	11.508	533	.000	.639 99	.055 61	.530 75	.749 24
	假设方差不相等			11.495	507.250	.000	.639 99	.055 68	.530 60	.749 38

续　表

		方差方程的 Levene 检验		均值方程的 t 检验						
		F	Sig.	t	df	Sig.（双侧）	均值差值	标准误差值	差分的95%置信区间	
									下限	上限
an18	假设方差相等	64.492	.000	11.293	533	.000	.498 46	.044 14	.411 75	.585 17
	假设方差不相等			11.270	467.664	.000	.498 46	.044 23	.411 55	.585 38
an19	假设方差相等	445.443	.000	9.714	533	.000	.361 45	.037 21	.288 35	.434 55
	假设方差不相等			9.677	364.441	.000	.361 45	.037 35	.288 00	.434 90
an20	假设方差相等	45.263	.000	9.503	533	.000	.453 56	.047 73	.359 80	.547 32
	假设方差不相等			9.489	493.410	.000	.453 56	.047 80	.359 64	.547 48
an21	假设方差相等	74.178	.000	11.772	533	.000	.517 01	.043 92	.430 73	.603 29
	假设方差不相等			11.748	470.627	.000	.517 01	.044 01	.430 53	.603 48
an22	假设方差相等	52.747	.000	9.134	533	.000	.457 49	.050 08	.359 10	.555 87
	假设方差不相等			9.116	468.839	.000	.457 49	.050 18	.358 87	.556 10
an23	假设方差相等	77.382	.000	11.993	533	.000	.528 29	.044 05	.441 75	.614 82
	假设方差不相等			11.965	451.392	.000	.528 29	.044 15	.441 52	.615 06

		方差方程的 Levene 检验		均值方程的 t 检验						
		F	Sig.	t	df	Sig.（双侧）	均值差值	标准误差值	差分的 95% 置信区间	
									下限	上限
an24	假设方差相等	54.017	.000	12.003	533	.000	.566 09	.047 16	.473 45	.658 73
	假设方差不相等			11.975	448.113	.000	.566 09	.047 27	.473 19	.658 99
an25	假设方差相等	5.359	.021	9.894	533	.000	.806 68	.081 53	.646 52	.966 84
	假设方差不相等			9.891	530.495	.000	.806 68	.081 56	.646 46	.966 89
an26	假设方差相等	326.780	.000	11.520	533	.000	.444 87	.038 62	.369 01	.520 73
	假设方差不相等			11.487	422.098	.000	.444 87	.038 73	.368 75	.520 99
an27	假设方差相等	7.609	.006	11.293	533	.000	.642 33	.056 88	.530 60	.754 05
	假设方差不相等			11.269	459.564	.000	.642 33	.057 00	.530 31	.754 34
an28	假设方差相等	7.604	.006	12.441	533	.000	.813 55	.065 39	.685 09	.942 01
	假设方差不相等			12.423	495.571	.000	.813 55	.065 49	.684 88	.942 23
an29	假设方差相等	2.345	.126	9.664	533	.000	.741 64	.076 74	.590 89	.892 38
	假设方差不相等			9.662	531.224	.000	.741 64	.076 76	.590 85	.892 42

续　表

		方差方程的 Levene 检验		均值方程的 t 检验						
		F	Sig.	t	df	Sig.（双侧）	均值差值	标准误差值	差分的 95% 置信区间	
									下限	上限
an30	假设方差相等	10.577	.001	15.202	533	.000	1.014 90	.066 76	.883 75	1.146 05
	假设方差不相等			15.186	513.884	.000	1.014 90	.066 83	.883 60	1.146 19
an31	假设方差相等	10.914	.001	14.610	533	.000	1.011 81	.069 26	.875 76	1.147 86
	假设方差不相等			14.594	511.776	.000	1.011 81	.069 33	.875 60	1.148 02
an32	假设方差相等	6.577	.011	14.333	533	.000	1.030 90	.071 93	.889 61	1.172 19
	假设方差不相等			14.321	521.252	.000	1.030 90	.071 98	.889 49	1.172 31
an33	假设方差相等	4.060	.044	12.137	533	.000	.831 90	.068 54	.697 25	.966 55
	假设方差不相等			12.132	529.557	.000	.831 90	.068 57	.697 20	.966 61
an34	假设方差相等	7.424	.007	13.829	533	.000	.947 98	.068 55	.813 32	1.082 64
	假设方差不相等			13.817	518.329	.000	.947 98	.068 61	.813 20	1.082 77
an35	假设方差相等	18.986	.000	13.055	533	.000	.865 77	.066 32	.735 49	.996 04
	假设方差不相等			13.027	462.563	.000	.865 77	.066 46	.735 17	.996 36

续　表

		方差方程的 Levene 检验		均值方程的 t 检验						
		F	Sig.	t	df	Sig.（双侧）	均值差值	标准误差值	差分的95%置信区间	
									下限	上限
an36	假设方差相等	19.676	.000	12.153	533	.000	.844 89	.069 52	.708 32	.981 45
	假设方差不相等			12.132	482.958	.000	.844 89	.069 64	.708 05	.981 72
an37	假设方差相等	.344	.558	11.803	533	.000	.711 46	.060 28	.593 05	.829 88
	假设方差不相等			11.784	490.320	.000	.711 46	.060 38	.592 84	.830 09
an38	假设方差相等	11.774	.001	10.752	533	.000	.782 28	.072 76	.639 35	.925 20
	假设方差不相等			10.741	513.477	.000	.782 28	.072 83	.639 19	.925 36
an39	假设方差相等	9.574	.002	10.444	533	.000	.709 72	.067 95	.576 23	.843 20
	假设方差不相等			10.428	493.769	.000	.709 72	.068 06	.576 00	.843 43
an40	假设方差相等	14.291	.000	11.439	533	.000	.869 33	.076 00	.720 04	1.018 62
	假设方差不相等			11.426	509.292	.000	.869 33	.076 08	.719 86	1.018 80
an41	假设方差相等	18.971	.000	12.336	533	.000	.887 96	.071 98	.746 55	1.029 36
	假设方差不相等			12.319	503.176	.000	.887 96	.072 08	.746 35	1.029 57

续　表

		方差方程的 Levene 检验		均值方程的 t 检验						
		F	Sig.	t	df	Sig. （双 侧）	均值 差值	标准 误差 值	差分的 95% 置信区间	
									下限	上限
an42	假设方差 相等	19.305	.000	11.735	533	.000	.893 84	.076 17	.744 21	1.043 47
	假设方差 不相等			11.717	495.452	.000	.893 84	.076 28	.743 96	1.043 72
an43	假设方差 相等	4.577	.033	7.459	533	.000	.739 97	.099 21	.545 08	.934 86
	假设方差 不相等			7.463	528.745	.000	.739 97	.099 15	.545 19	.934 76
an44	假设方差 相等	1.660	.198	9.011	533	.000	.826 38	.091 71	.646 23	1.006 53
	假设方差 不相等			9.009	530.962	.000	.826 38	.091 73	.646 18	1.006 58
an45	假设方差 相等	15.192	.000	12.339	533	.000	1.044 36	.084 64	.878 09	1.210 62
	假设方差 不相等			12.329	519.743	.000	1.044 36	.084 71	.877 95	1.210 77
an46	假设方差 相等	.549	.459	11.003	533	.000	1.016 84	.092 41	.835 30	1.198 38
	假设方差 不相等			11.000	531.262	.000	1.016 84	.092 44	.835 25	1.198 43
an47	假设方差 相等	18.912	.000	11.286	533	.000	.914 82	.081 06	.755 58	1.074 05
	假设方差 不相等			11.275	514.823	.000	.914 82	.081 14	.755 41	1.074 23

		方差方程的 Levene 检验		均值方程的 t 检验					差分的 95% 置信区间	
		F	Sig.	t	df	Sig.（双侧）	均值差值	标准误差值	下限	上限
an48	假设方差相等	.434	.510	9.801	533	.000	.507 74	.051 80	.405 98	.609 51
	假设方差不相等			9.785	486.078	.000	.507 74	.051 89	.405 78	.609 70
an49	假设方差相等	.111	.740	3.757	533	.000	.333 24	.088 71	.158 98	.507 51
	假设方差不相等			3.758	531.483	.000	.333 24	.088 68	.159 04	.507 45
an50	假设方差相等	5.216	.023	7.103	533	.000	.684 76	.096 40	.495 39	.874 12
	假设方差不相等			7.110	521.275	.000	.684 76	.096 31	.495 55	.873 96
an51	假设方差相等	13.192	.000	12.739	533	.000	.581 42	.045 64	.491 76	.671 08
	假设方差不相等			12.713	469.378	.000	.581 42	.045 73	.491 55	.671 29
an52	假设方差相等	.032	.858	12.497	533	.000	.631 17	.050 51	.531 96	.730 39
	假设方差不相等			12.477	492.217	.000	.631 17	.050 59	.531 78	.730 56
an53	假设方差相等	17.081	.000	13.370	533	.000	.976 80	.073 06	.833 28	1.120 32
	假设方差不相等			13.352	504.350	.000	.976 80	.073 15	.833 07	1.120 53

续　表

		方差方程的 Levene 检验		均值方程的 t 检验						
		F	Sig.	t	df	Sig.（双侧）	均值差值	标准误差值	差分的 95% 置信区间	
									下限	上限
an54	假设方差相等	32.759	.000	13.395	533	.000	1.074 84	.080 24	.917 21	1.232 47
	假设方差不相等			13.373	488.978	.000	1.074 84	.080 37	.916 92	1.232 76
an55	假设方差相等	.001	.975	10.862	533	.000	1.022 60	.094 14	.837 66	1.207 54
	假设方差不相等			10.862	532.973	.000	1.022 60	.094 14	.837 66	1.207 53
an56	假设方差相等	7.112	.008	10.748	533	.000	.921 60	.085 75	.753 16	1.090 04
	假设方差不相等			10.742	526.068	.000	.921 60	.085 80	.753 05	1.090 14
an57	假设方差相等	.804	.370	6.757	533	.000	.587 56	.086 95	.416 75	.758 37
	假设方差不相等			6.764	519.432	.000	.587 56	.086 87	.416 90	.758 21
an58	假设方差相等	55.521	.000	11.683	533	.000	.524 74	.044 91	.436 51	.612 97
	假设方差不相等			11.656	449.349	.000	.524 74	.045 02	.436 26	.613 21
an59	假设方差相等	175.302	.000	12.200	533	.000	.486 43	.039 87	.408 10	.564 76
	假设方差不相等			12.168	434.160	.000	.486 43	.039 98	.407 86	.565 00

		方差方程的 Levene 检验		均值方程的 t 检验						
		F	Sig.	t	df	Sig.（双侧）	均值差值	标准误差值	差分的 95% 置信区间	
									下限	上限
an60	假设方差相等	4.643	.032	12.647	533	.000	.809 33	.063 99	.683 63	.935 04
	假设方差不相等			12.628	491.423	.000	.809 33	.064 09	.683 40	.935 26
an61	假设方差相等	1.616	.204	7.666	533	.000	.594 77	.077 59	.442 35	.747 19
	假设方差不相等			7.663	530.081	.000	.594 77	.077 62	.442 29	.747 24
an62	假设方差相等	.110	.741	7.300	533	.000	.633 24	.086 75	.462 83	.803 66
	假设方差不相等			7.302	531.943	.000	.633 24	.086 72	.462 88	.803 60
an63	假设方差相等	.916	.339	13.087	533	.000	.707 20	.054 04	.601 05	.813 35
	假设方差不相等			13.070	504.031	.000	.707 20	.054 11	.600 90	.813 51
an64	假设方差相等	.505	.478	11.809	533	.000	.707 79	.059 94	.590 05	.825 53
	假设方差不相等			11.799	519.702	.000	.707 79	.059 99	.589 94	.825 63
an65	假设方差相等	6.082	.014	10.102	533	.000	.891 65	.088 27	.718 25	1.065 04
	假设方差不相等			10.096	526.310	.000	.891 65	.088 32	.718 15	1.065 15

续　表

		方差方程的 Levene 检验		均值方程的 t 检验						
		F	Sig.	t	df	Sig. （双 侧）	均值 差值	标准 误差 值	差分的 95% 置信区间	
									下限	上限
an66	假设方差 相等	7.671	.006	11.583	533	.000	.965 83	.083 39	.802 02	1.129 64
	假设方差 不相等			11.575	525.191	.000	.965 83	.083 44	.801 92	1.129 74
an67	假设方差 相等	8.941	.003	10.547	533	.000	.820 83	.077 83	.667 94	.973 73
	假设方差 不相等			10.539	521.927	.000	.820 83	.077 89	.667 82	.973 85

附录 3 正式调查问卷 Spearman 相关分析结果

			总分
Spearman 的 rho	an8	相关系数	.353
		Sig.（双侧）	.000
		N	505
	an9	相关系数	.355
		Sig.（双侧）	.000
		N	505
	an10	相关系数	.302
		Sig.（双侧）	.000
		N	505
	an11	相关系数	.357
		Sig.（双侧）	.000
		N	505
	an12	相关系数	.372
		Sig.（双侧）	.000
		N	505
	an13	相关系数	.445
		Sig.（双侧）	.000
		N	505

续　表

			总分
Spearman 的 rho	an14	相关系数	.369
		Sig.（双侧）	.000
		N	505
	an15	相关系数	.430
		Sig.（双侧）	.000
		N	505
	an16	相关系数	.400
		Sig.（双侧）	.000
		N	505
	an17	相关系数	.521
		Sig.（双侧）	.000
		N	505
	an18	相关系数	.513
		Sig.（双侧）	.000
		N	505
	an19	相关系数	.399
		Sig.（双侧）	.000
		N	505
	an20	相关系数	.435
		Sig.（双侧）	.000
		N	505
	an21	相关系数	.523
		Sig.（双侧）	.000
		N	505

续　表

			总分
Spearman 的 rho	an22	相关系数	.439
		Sig.（双侧）	.000
		N	505
	an23	相关系数	.515
		Sig.（双侧）	.000
		N	505
	an24	相关系数	.498
		Sig.（双侧）	.000
		N	505
	an25	相关系数	.483
		Sig.（双侧）	.000
		N	505
	an26	相关系数	.477
		Sig.（双侧）	.000
		N	505
	an27	相关系数	.517
		Sig.（双侧）	.000
		N	505
	an28	相关系数	.571
		Sig.（双侧）	.000
		N	505
	an29	相关系数	.494
		Sig.（双侧）	.000
		N	505

续　表

			总分
Spearman 的 rho	an30	相关系数	.626
		Sig.（双侧）	.000
		N	505
	an31	相关系数	.625
		Sig.（双侧）	.000
		N	505
	an32	相关系数	.627
		Sig.（双侧）	.000
		N	505
	an33	相关系数	.574
		Sig.（双侧）	.000
		N	505
	an34	相关系数	.597
		Sig.（双侧）	.000
		N	505
	an35	相关系数	.588
		Sig.（双侧）	.000
		N	505
	an36	相关系数	.560
		Sig.（双侧）	.000
		N	505
	an37	相关系数	.556
		Sig.（双侧）	.000
		N	505

续　表

			总分
Spearman 的 rho	an38	相关系数	.530
		Sig.（双侧）	.000
		N	505
	an39	相关系数	.515
		Sig.（双侧）	.000
		N	505
	an40	相关系数	.527
		Sig.（双侧）	.000
		N	505
	an41	相关系数	.562
		Sig.（双侧）	.000
		N	505
	an42	相关系数	.600
		Sig.（双侧）	.000
		N	505
	an43	相关系数	.357
		Sig.（双侧）	.000
		N	505
	an44	相关系数	.433
		Sig.（双侧）	.000
		N	505
	an45	相关系数	.575
		Sig.（双侧）	.000
		N	505

续　表

			总分
Spearman 的 rho	an46	相关系数	.530
		Sig.(双侧)	.000
		N	505
	an47	相关系数	.582
		Sig.(双侧)	.000
		N	505
	an48	相关系数	.448
		Sig.(双侧)	.000
		N	505
	an49	相关系数	.245
		Sig.(双侧)	.000
		N	505
	an50	相关系数	.332
		Sig.(双侧)	.000
		N	505
	an51	相关系数	.546
		Sig.(双侧)	.000
		N	505
	an52	相关系数	.566
		Sig.(双侧)	.000
		N	505
	an53	相关系数	.598
		Sig.(双侧)	.000
		N	505

			总分
Spearman 的 rho	an54	相关系数	.640
		Sig.（双侧）	.000
		N	505
	an55	相关系数	.553
		Sig.（双侧）	.000
		N	505
	an56	相关系数	.531
		Sig.（双侧）	.000
		N	505
	an57	相关系数	.387
		Sig.（双侧）	.000
		N	505
	an58	相关系数	.492
		Sig.（双侧）	.000
		N	505
	an59	相关系数	.496
		Sig.（双侧）	.000
		N	505
	an60	相关系数	.573
		Sig.（双侧）	.000
		N	505
	an61	相关系数	.381
		Sig.（双侧）	.000
		N	505

续　表

			总分
Spearman 的 rho	an62	相关系数	.403
		Sig.（双侧）	.000
		N	505
	an63	相关系数	.599
		Sig.（双侧）	.000
		N	505
	an64	相关系数	.595
		Sig.（双侧）	.000
		N	505
	an65	相关系数	.521
		Sig.（双侧）	.000
		N	505
	an66	相关系数	.569
		Sig.（双侧）	.000
		N	505
	an67	相关系数	.527
		Sig.（双侧）	.000
		N	505

附录4　大学英语教师专业认同叙事问卷

填写说明：

(1) 本问卷共涵盖大学英语教师生活的个人、学生、同事、学校和家庭五个部分。

(2) 请您先通读每个部分，然后再根据实际情况，像讲故事一样分享您的经历和感受。

(3) 我承诺将恪守学术道德规范，对您的回答严格保密，仅用于本人学术研究使用。

感谢您的分享和支持！

一、个人的求学故事、职业经历等

(1) 我最早学英语是在_____（年份或者年级）。最初的时候感觉学英语_____，后来我的英语学习_____。我大学的专业是_____，那时候我们班级人数是_____，我们的英语课堂气氛总体上_____。我大学里印象最深刻的英语老师教授的课程是_____，因为他/她_____。

(2) 我当大学英语老师是因为_____。我记得刚刚做大学英语教师的第一年是_____年，最开始的时候每次上课我感到_____，因为_____。后来，_____，因为_____。现在，我感觉上起课来_____，因为_____。

（3）在我们学校，我本学期每周的课时量是＿＿＿节，共＿＿＿小时。我所教的每个班级学生人数一般是＿＿＿人，我对我的教学工作量的总体感觉是＿＿＿＿＿＿。教学之外，我还参与学校和院系的一些与教学有关的其他活动，例如＿＿＿＿＿＿＿＿＿＿＿＿＿＿＿＿＿＿＿＿＿＿＿＿，我觉得这些活动＿＿＿＿＿＿＿＿＿＿＿＿＿＿＿＿＿＿＿＿＿＿。

（4）总体来说，我对我的教学感到＿＿＿＿＿＿＿，如果＿＿＿＿＿＿＿＿＿＿＿＿＿＿＿＿＿＿＿＿，我想我的教学会更好。

（5）我现在的职称是＿＿＿＿＿＿，我的最高学位是＿＿＿＿＿＿，过去五年里我投稿了＿＿＿篇论文，发表了＿＿＿篇论文（其中普刊＿＿＿篇，核心刊物＿＿＿篇），这让我感到＿＿＿＿＿＿，我觉得发表论文＿＿＿＿＿＿＿＿＿＿＿＿＿＿＿＿＿＿＿＿＿＿＿。过去五年里我作为主持人申报过＿＿＿次科研项目，＿＿＿次申报成功（其中校级＿＿＿项，省部级及以上＿＿＿项），这让我感到＿＿＿＿＿，我觉得申报项目＿＿＿＿＿＿＿＿＿＿＿＿＿＿＿＿＿＿＿＿＿。总体而言，我对做科研的态度是＿＿＿＿＿＿＿＿＿＿＿＿＿＿＿＿＿＿＿＿＿＿＿＿＿＿＿＿＿＿＿＿＿，因为我觉得做研究＿＿＿＿＿＿＿＿＿＿＿＿＿＿＿＿＿＿＿＿＿＿＿＿＿＿＿＿＿＿＿＿＿＿。

（6）总体来说，我对我目前的科研感到＿＿＿＿＿＿＿＿＿＿＿＿＿＿＿＿＿＿＿＿＿＿＿＿＿＿，如果＿＿＿＿＿＿＿＿＿＿＿＿＿＿＿＿＿＿＿＿＿＿＿＿＿＿＿，我想我的科研会进步。

二、学生的英语学习兴趣、课堂参与度等

（1）我的班级里的学生整体上＿＿＿＿＿＿＿＿＿＿＿＿＿＿＿＿＿＿＿＿＿＿。大部分学生的英语学习动机在于＿＿＿＿＿＿＿＿＿＿＿＿＿＿＿＿＿，也有一部分学生＿＿＿＿＿＿＿＿＿＿＿＿＿＿＿。在课堂上，大部分学生可以做到＿＿＿＿＿＿＿＿＿＿＿＿＿＿＿＿＿＿＿＿＿，也有部分学生＿＿＿＿＿＿＿＿＿＿＿＿＿＿＿＿＿＿＿＿＿，我想这是因为＿＿＿＿＿＿＿＿＿＿＿＿＿＿＿＿＿＿＿＿＿＿＿＿＿。

（2）我记得有一节课非常满意，学生是＿＿＿＿＿＿专业，＿＿

_____

_____。

(3) 我记得有一节课非常失望,学生是_____专业,_____

_____

_____

_____。

(4) 在课下,我与学生的交流_____

_____(方式、频率、内容等),

主要是因为_____

_____。

(5) 假如_____

_____,我想我与学生的关系会更好、更融洽。

三、同事的交流、工作面貌等

(1) 我所在的院系中,大学英语老师(带非英专课程的老师)有_____人,我感
觉大部分老师的整体工作状态_____,这是因为_____

_____。我们之间的关系_____,这是因为_____

_____。

(2) 在业余时间,我与同事的交流_____

_____(方式、频率、内容等),

主要是因为_____

____。

(3) 在与同事交往中,最愉快的是_____,我记得有一
次_____

_____

_____。

(4) 在与同事交往中,最困难的是_____,我记得有一次_____

_____

_____。

（5）假如_____,我想我与同事们
的关系会更好、更融洽。

四、学校的工作环境、考核制度等

（1）学校位于_____（市区/郊区），从家里往返学校路程需要_____
小时（单程），这让我感觉_____。学校环境_____,总体教
学条件_____,对此我感到_____,因为_____
_____。

（2）学校的职称评审制度_____,比如评副教授需要_____
_____,评教授则需要_____,这让我感到
_____,因为_____。

（3）学校在每个学年会对老师们的科研表现进行相应的奖励,例如_____
_____,
对于这些做法,我感到_____,
因为_____。

（4）假如_____,
我想我在学校的工作会更加轻松愉快。

五、家庭的经济状况、情感支持等

（1）我在个人生活中,是一个_____
（比如女儿、妻子、妈妈等社会角色）。我的业余时间有很大一部分是用
来_____,
因为_____。
比如周末,我一般会_____。
寒暑假期间,我一般会_____。

（2）我的工资收入大概每个月_____元,我的家庭经济支出主要在于
_____,
因为_____,对此,
我感到_____。

（3）我的家人,例如＿＿＿＿、＿＿＿＿等比较支持我的工作,比如他们会

＿＿＿＿＿＿＿＿＿＿＿＿＿＿＿＿＿＿＿＿＿＿＿,这让我感

到＿＿＿＿＿＿＿＿＿＿＿＿＿＿＿＿＿＿＿＿＿。

（4）总的来说,作为一名大英教师,我觉得如果＿＿＿＿＿＿＿＿＿＿＿

＿＿＿＿＿＿＿,我的生活会更幸福一些。

尊敬的老师:

感谢您的宝贵时间和真诚分享。如果您愿意接受后期访谈,了解此项研究的进展,请您留下联系方式。如有其他想法,欢迎留言。

姓名:＿＿＿＿＿＿＿＿＿＿＿＿＿＿＿＿＿＿＿

学校:＿＿＿＿＿＿＿＿＿＿＿＿＿＿＿＿＿＿＿

手机:＿＿＿＿＿＿＿＿＿＿＿＿＿＿＿＿＿＿＿

邮箱:＿＿＿＿＿＿＿＿＿＿＿＿＿＿＿＿＿＿＿

留言:＿＿＿＿＿＿＿＿＿＿＿＿＿＿＿＿＿＿＿＿＿＿＿＿＿

＿＿＿＿＿＿＿＿＿＿＿＿＿＿＿＿＿＿＿＿＿＿＿＿＿

附录5　大学英语教师先导访谈提纲

一、您对大学英语教师专业认同持有什么样的看法？这些看法是否受到入职前经历的影响？

1. 学生时代的学习英语的经历有没有对自己做老师产生影响？何种影响？
2. 学生时代的英语老师有没有对自己做老师产生影响？何种影响？
3. 学生时代的英语课堂有没有对自己做老师产生影响？何种影响？
4. 本科阶段有无教学实习？具体安排是怎样的？利弊如何？
5. 您为什么选择教师这个职业？
6. 根据入职以来的经历，您对教师这份职业是否满意？
7. 有想过离职吗？
8. 您所承担的教学任务有多少？是否满意？
9. 您所教授的班级规模有多少？是否满意？
10. 您在大学英语课堂教学过程中最担心发生什么事？
11. 您认为大学英语课堂教学最理想的状态是什么样子？

二、您在构建专业认同的过程中实施了哪些具体行为？存在哪些困难？

12. 您与学生的课下联系方式（班级微信群）、内容、频率？
13. 您与学生的熟悉度？叫得出学生名字的比例？
14. 您通常花多长时间备一节课？
15. 您通常从何处选择教学素材？
16. 您通常如何选择教学方法？
17. 您是否听过其他教师的课？何时何地？次数？持续时间？收获？
18. 您的课堂教学大致是按照什么步骤进行？是否调整课程安排或者

进度?

19. 您的课堂是否经常提问? 学生回答后如何给出反馈?

20. 学生主动发言情况如何?

21. 学生走神、玩手机等如何应对?

22. 您入职以来与同事/领导的关系如何?

23. 学校或者院系有何种教研活动? 具体内容及安排?

24. 有教学或者工作上的困惑时,您是否经常请教其他教师(校内或校外)?

25. 您通常通过何种途径请教其他教师? 面对面? 电话? 微信?

三、您目前有什么样的专业发展期望? 希望得到什么样的帮助?

26. 您是否经常通过微信与同行沟通教学或学术问题? 利弊?

27. 您的微信订阅号通常是否有有关教学或者学术的内容?

28. 您是否经常思考如何改善课堂教学?

29. 您是否经常撰写教学反思日记?

30. 您是否关注并积极参加教学类比赛?

31. 您课余时间是否阅读相关理论书籍或专业期刊论文?

32. 您是否关注并积极申报或参与各级各类科研课题?

33. 您是否关注并积极参加各类学术会议?

34. 您是否有国内外访学进修的打算?

35. 您是否有攻读博士学位的打算?

附录6 大学英语教师追加
访谈提纲

1. 目前来说您在学术论文写作方面有哪些困惑？
   论文选题？写作方法？投稿技巧？

2. 目前来说您在项目申报方面有哪些困难？
   项目选题？申报书撰写？学术团队？

3. 目前来说您在进修学习方面有什么期望？
   学术会议？访学进修？攻读博士？

附录7 大学英语教师正式 访谈提纲

一、您对大学英语教师专业认同持有什么样的看法?

1. 学生时代(中学、大学等)您自己学习英语的经历有没有对自己做老师产生影响? 何种影响?

2. 学生时代的英语老师有没有对自己做老师产生影响? 何种影响?

3. 学生时代的英语课堂有没有对自己做老师产生影响? 何种影响?

4. 本科阶段或研究生阶段有无教学实习或者兼职上课? 有没有对自己做老师产生影响? 何种影响?

5. 您为什么选择教师这个职业?

6. 您觉得地方本科高校应该培养什么样的人才? 或者地方本科院校人才培养的目标是什么? 作为大英教师为此目标可以做什么?

7. 您觉得大学英语老师的主要任务是什么?

8. 您觉得新入职老师应该做哪些事情? 您自己是否有阶段性目标? 比如刚工作的前几年(比如三到五年)之内您是否给自己设立了什么目标? 为什么设立这种目标?

9. 您为这些目标做出了哪些努力? 后来有没有改变? 有哪些原因促进或者妨碍了您的目标的实现?

10. 根据入职以来的经历,您对教师这份职业是否满意? 是否有成就感? 体现在什么地方?

11. 您曾经想过离职吗?

12. 您所承担的教学任务有多少? 课程有哪些? 有无挑战? 是否满意?

13. 您所教授的班级规模有多少? 是否满意?

14. 您在大学英语课堂教学过程中最担心发生什么事?

15. 您认为最理想的大学英语的课堂状态是什么样子？

二、您在构建专业认同的过程中实施了哪些具体行为？存在哪些困难？

16. 您通常花多长时间备一节课？

17. 您通常从何处选择教学素材？您通常如何选择教学方法？

18. 您在教学方面最大的挑战和困难是什么？您为之做过哪些努力？

19. 您能否与我分享印象最深刻、最开心的一堂课？

20. 您能否与我分享印象最深刻、最失望的一堂课？

21. 您的课堂教学大致是按照什么步骤进行？是否调整课程安排或者进度？

22. 您课堂上说英语多吗？多或者不多的原因是什么？

23. 您的课堂是否经常提问？学生回答后如何给出反馈？

24. 学生主动发言情况如何？

25. 学生走神、玩手机等如何应对？

26. 您与学生的课下联系方式（班级微信群）、内容、频率？学院或教研室是否举办师生座谈会？您参加过吗？具体内容是什么？

27. 您与学生的熟悉度？叫得出学生名字的比例？

28. 您回家时还会想工作的事情吗？周末和寒暑假的时间如何度过？感受如何？

29. 您入职以来与同事/领导的关系如何？

30. 您是否听过其他教师的课？何时何地？次数？持续时间？收获？

31. 学校或者院系有何种教研活动？具体内容及安排？您的收获？

32. 您是否主编或者参编过教材和教辅？有的话请介绍一下？没有的原因是什么？

33. 您所在院系有教学/科研团队吗？您是否是主要成员？是或者不是的原因是什么？有哪些活动？集体备课？集体教研？您是否有收获？

34. 您所在学校重视大学英语吗？对新老师有何种支持？

35. 学术讲座您所在学校会有吗？您主动去听吗？有没有提问过问题？

36. 有教学或者科研上的困惑时，您是否经常请教其他教师（校内或校外）？

37. 您通常通过何种途径请教其他同行？面对面？电话？微信？

38. 目前来说您在学术论文写作方面有哪些困惑？论文选题？写作方法？投稿技巧？

39. 目前来说您在项目申报方面有哪些困难？项目选题？申报书撰写？学术团队？

三、您目前有什么样的专业发展期望？希望得到什么样的帮助？

40. 在今后的教学或者科研方面，您有什么具体的打算？希望得到何种帮助？

41. 您是否经常通过微信与同行沟通教学或学术问题？利弊？

42. 您的微信订阅号通常是否有有关教学或者学术的内容？

43. 您是否花时间继续提高自己的英语听、说、读、写技能？

44. 您是否经常思考如何改善课堂教学？您是否经常撰写教学反思日记？

45. 您是否关注并积极参加教学类比赛？

46. 您课余时间是否阅读相关理论书籍或专业期刊论文？

47. 您是否关注并积极申报或参与各级各类科研课题？

48. 您是否关注并积极参加各类学术会议？

49. 您是否有国内外访学进修的打算？

50. 您是否有攻读博士学位的打算？

附录 8　参与研究知情同意书

尊敬的老师：

　　您好！首先让我对您能在百忙中抽时间阅读此信表示感谢！我写信给您是为了我的研究项目向您求助。

　　我的研究课题是大学英语新手教师的专业认同发展，选择该课题一是因为大学英语这门课程目前处境尴尬，大学英语教师何去何从是个亟待探究的问题；二是我本人近十年来的大学英语教学和科研经历让我亲身体会到大学英语教师，尤其是入职初期的新手教师面临专业认同困惑，是一个值得关注的群体。我希望通过研究大学英语教师的专业故事，让我们反思自己的成长，让社会倾听我们的心声。如果您愿意参加，我希望能就您的学习和工作经历进行两到三次采访，每次时间约 1～2 小时。在整个研究过程中我会严格遵守学术道德规范，保守秘密，不泄露您的真实姓名和身份，研究报告将使用虚拟的人名和地名。如果您感兴趣，我会向您介绍研究结果，请您阅读研究成果草稿，会认真考虑和接纳您的意见和建议。

　　我本人也是一名英语教师，深刻理解您作为一名大学英语教师的辛苦与忙碌，但我非常希望您能同意参加这个研究项目。通过讲述外语学习和教学的故事，您或许对自身的职业认同发展能有更深刻的理解，我也非常愿意和您交流教学和科研方面的体会。如果您愿意参加此项研究，请填写随信附上的问卷，我的电子邮箱是 bettyqmj@163.com。您有任何问题可以随时和我联系。如果您能参加此项研究我将不胜感激！盼望尽快得到您的回复。

　　祝您在新的学年工作顺利，万事如意！

　　此致

敬礼

亓明俊

2018 年 10 月 3 日

参考文献
REFERENCES

[1] Adams, G. Using a narrative approach to illuminate teacher professional learning in an era of accountability[J]. *Teaching and Teacher Education*, 2017, (67): 161 - 170.

[2] Adelman, N. E. & Walking-Eagle, K. P. Teachers, time, and school reform[A]. In A. Hargreaves (Ed.). *Rethinking Educational Change with Heart and Mind: 1997 ASCD Yearbook* [C]. Alexandria, VA: Association for Supervision and Curriculum Development, 1997: 92 - 110.

[3] Akkerman, S. F. & Meijer, P. C. A dialogical approach to conceptualizing teacher identity[J]. *Teaching and Teacher Education*, 2011, 27(2): 308 - 319.

[4] Allen, S. *Joining School Communities of Practice: Career Changer Teacher Identity Transitions*[D]. University of Maryland, PhD dissertation, 2007.

[5] Allison, D. & J. Carey. What do university language teachers say about language teaching research? [J]. *TESL Canada Journal*. 2007, 24(2): 61 - 81.

[6] Alsup. J. *Teacher Identity Discourse: Negotiating Personal and Professional Spaces*[M]. Mahwah, NJ: Lawrence Erlbaum Associates, 2006.

[7] Aubusson, P., et al. Action learning in teacher learning community formation: informative or transformative? [J]. *Teacher Development: An International Journal of Teachers' Professional Development*, 2007, 11(2): 133 - 148.

[8] Bakan, D. *The Duality of Human Existence: Isolation and Communion in Western Man*[M]. Boston: Beacon Press, 1966.

[9] Bakhurst, D. Reflections on activity theory[J]. *Educational Review*, 2009, 61 (2): 197 - 210.

[10] Bandura, A. *Social Learning Theory* [M]. Englewood Cliffs, NJ: Prentice-Hall, 1977.

[11] Barkhuizen, G. Narrative Knowledge in TESOL[J]. *TESOL Quarterly*, 2011, 45

(3)：391-414.

[12] Barkhuizen, G. A short story approach to analyzing teacher (imagined) identities over time[J]. *TESOL Quarterly*, 2016, 50(3)：655-683.

[13] Barkhuizen, G. & Wette, R. Narrative frames for investigating the experiences of language teachers[J]. *System*, 2008, 36(3)：372-387.

[14] Baumeister, R. F. *Identity: Cultural Change and the Struggle for Self*[M]. Oxford：Oxford University Press, 1986.

[15] Beauchamp, C. & Thomas, L. New teachers' identity shifts at the boundary of teacher education and initial practice[J]. *International Journal of Educational Research*, 2011, (50)：6-13.

[16] Beijaard, D. Teacher learning as identity learning：models, practices, and topics [J]. *Teachers and Teaching: Theory and Practice*, 2019, 25(1)：1-6.

[17] Beijaard, D., Verloop, N. & Vermunt, J. D. Teachers' perceptions of professional identity：an exploratory study from a personal knowledge perspective [J]. *Teaching and Teacher Education*, 2000, (16)：749-764.

[18] Beijaard, D., Meijer, P. & Verloop, N. Reconsidering research on teachers' professional identity [J]. *Teaching and Teacher Education*, 2004, (20)：107-128.

[19] Berzonsky, M. D. Identity processing style, self-construction, and personal epistemic assumptions：A social-cognitive perspective[J]. *European Journal of Development Psychology*, 2004, 1(4)：303-315.

[20] Biermannn, M. J. Mintz, S. L., & McCullough, L. L. *Reflection in the University of Virginia's five-year teacher education program*[R]. Unpublished manuscript, University of Virginia, Charlottesville, VA, 1988.

[21] Borg, S. *Teacher Cognition and Language Education: Research and Practice* [M]. London：Continuum, 2006.

[22] Borg, S. Research engagement in English language teaching[J]. *Teaching and Teacher Education*, 2007, (23)：731-747.

[23] Borg, S. English Language Teachers' Conceptions of Research [J]. *Applied Linguistics*, 2009, 30(3)：358-388.

[24] Boud, D, Keogh, R. & Walker, D. Promoting reflection in learning：A model [A]. In D. Boud., R. Keogh., & D. Walker (Eds.). *Reflection: Turning Experience into Learning*[C]. New York：Nichols Publishing Co, 1985：18-40.

[25] Boyd, E. & Fales, A. W. Reflective learning：Key to learning from experience[J]. *Journal of Humanistic Psychology*, 1983, 23(2)：99-117.

[26] Brannan, D. & Bleistein. T. Novice ESOL teachers' perceptions of social support networks[J]. *TESOL Quarterly*, 2012, 46(3): 519 – 541.

[27] Brown, J., Collins, A. & Duguid, P. Situated cognition and the culture of learning[J]. *Educational Researcher*, 1989, 18(1): 32 – 42.

[28] Bruner, J. *Actual Minds, Possible Worlds* [M]. Cambridge, MA: Harvard University Press, 1986.

[29] Bruner, J. Life as narrative[J]. *Social Research*, 1987, 54(1): 11 – 32.

[30] Bryman, A. *Social Research Methods (5th ed.)*[M]. Oxford: Oxford University Press, 2015.

[31] Bullough, R. V. Practicing theory and theorizing practice in teacher education[A]. In J. Loughran & T. Russell (Eds.). *Purpose, Passion and Pedagogy in Teacher Education*[C]. London: Falmer Press, 1997: 13 – 31.

[32] Burden, P. R. Teacher development[A]. In W. R. Houston, M. Haberman & J. P. Sikula (Eds.). *Handbook of Research on Teacher Education: A Project of the Association of Teachers Educators*[C]. NY: Macmillan, 1990: 311 – 325.

[33] Burn, K. Professional knowledge and identity in a contested discipline: Challenges for student teachers and teacher educators[J]. *Oxford Review of Education*, 2007, (33): 445 – 467.

[34] Calderhead, J. & Shorrock, S. B. *Understanding Teacher Education: Case Studies in the Professional Development of Beginning Teachers* [M]. Washington, D.C.: The Falmer Press, 2005.

[35] Canrinus, E. T. *Teachers' Sense of Their Professional Identity*[D]. University of Groningen, PhD dissertation, 2011.

[36] Canrinus, E. T., et al. Self-efficacy, job satisfaction, motivation and commitment: exploring the relationships between indicators of teachers' professional identity[J]. *European Journal of Psychology of Education*, 2012, (27): 115 – 132.

[37] Chang-Wells, G. L. & Wells, G. Modes of discourse for living, learning and teaching[A]. In S. Hollingsworth (Ed.) *International Action Research and Educational Reform* [C]. London and Philadelphia: Falmer Press, 1997: 147 – 156.

[38] Chou, C. H. Exploring elementary English teachers' practical knowledge: A case study of English teachers in Taiwan[J]. *Asia Pacific Education Review*, 2008, 9 (4): 529 – 541.

[39] Clandinin, D. J. & Connelly, F. M. *Narrative Inquiry: Experience and Story in*

Qualitative Research [M]. San Francisco：Jossey-Bass，2000.

[40] Clandinin, D. J., Downey, C. A. & Huber, J. Attending to changing landscapes：Shaping the interwoven identities of teachers and teacher educators[J]. *Asia-Pacific Journal of Teacher Education*, 2009, 37(2)：141 - 154.

[41] Cohen, J. L. Getting reorganized：Teachers negotiating professional identities as learners through talk[J]. *Teaching and Teacher Education*, 2010, 26 (3)：473 - 481.

[42] Cohen, L., Manion, L. & Morrison, K. *Research Methods in Education（8th ed.）*[M]. New York：Routledge, 2017.

[43] Connelly, F. M. & Clandinin, D. J. Stories of experience and narrative inquiry[J]. *Educational Researcher*, 1990, 19(4)：2 - 14.

[44] Connelly, F. M. & Clandinin, D. J. *Shaping a professional identity: Stories of educational practice*[M]. New York：Teachers College Press, 1999.

[45] Creswell, J. W. *Research Design: Qualitative, Quantitative and Mixed Methods Approaches*（3rd ed.）[M]. Thousand Oaks：Sage Publications, Inc., 2009.

[46] Creswell, J. W. *Qualitative Inquiry and Research Design: Choosing among Five Approaches*[M]. California：Sage, 2012.

[47] Creswell, J. W. *Educational Research: Planning, Conducting, and Evaluating Quantitative and Qualitative Research*（4th ed.）[M]. Boston：Pearson, 2015.

[48] Day, C. & Gu, Q. *The New Lives of Teachers* [M]. New York：Routledge, 2010.

[49] Deci, E. L. Effects of extremely mediated rewards on intrinsic motivation[J]. *Journal of Personality and Social Psychology*, 1971, (18)：105 - 115.

[50] Denzin, N. K. 解释性交往行动主义：个人经历的叙事、倾听与理解[M]. 周勇译. 重庆：重庆大学出版社, 2004.

[51] Dewey, J. *How We Think: A Restatement of the Relation of Reflective Thinking to the Educative Process*[M]. Boston：Heath, 1933.

[52] [美] 约翰·杜威. 民主主义与教育[M]. 王承绪, 译. 北京：人民教育出版社, 1990.

[53] [美] 约翰·杜威. 我们怎样思维·经验与教育[M]. 姜文闵, 译. 北京：人民教育出版社, 2004.

[54] Donaghue, H., Lange, M. & Scott, R. REnglishecting on mobile learning：A community of practice approach[A]. In S. Dowling., H. Donaghue., C. Gunn., J. Raven. & S. Hayhoe（Eds.）. *Redefining Learning: Creating and Sustaining Powerful and Adaptive Learning Environments for 21st Century Learners*[C]. Abu Dhabi：HCT Press, 2013：73 - 82.

[55] Doyal, L. & Gough, I. *A Theory of Human Need*, Basingstoke: Macmillan, 1991.

[56] Dörnyei, Z. & Ushioda, E. *Teaching and Researching Motivation*[M]. Harlow, England: Pearson Education, 2011.

[57] Dreyfus, H. L. & Dreyfus, S. E. *Mind over Machine*[M]. New York: Free Press, 1986.

[58] Engeström, Y. Expansive learning at work: Toward an activity theoretical reconceptualization[J]. *Journal of Education and Work*, 2001, 14 (1): 133 – 156.

[59] Fairley, M. J. Conceptualizing language teacher education centered on language teacher identity development: a competencies – based approach and practical applications[J]. *TESOL Quarterly*, 2020, 54 (4): 1 – 28.

[60] Farrell, T. Novice-service language teacher development: Bridging the gap between preservice and in-service education and development [J]. *TESOL Quarterly*, 2012, (46): 435 – 449.

[61] Farrell, T. *Promoting Teacher Reflection in Second Language Education: A Framework for TESOL Professionals*[M]. New York: Routledge, 2015.

[62] Farrell, T. & Ives, J. Exploring teacher beliefs and classroom practices through reflective practice: A case study[J]. *Language Teaching Research*, 2015, 19(5): 594 – 610.

[63] Feiman-Nemser, S. & Buchmann, M. Pitfalls of experience in teacher preparation [J]. *Teachers College Record*, 1985, 87 (1): 53 – 65.

[64] Flores, M. A. & Day, C. Contexts which shape and reshape new teachers' identities: a multi-perspective study[J]. *Teaching and Teacher Education*, 2006, 22(2): 219 – 232.

[65] Freeman, D. & Johnson, K. Reconceptualizing the knowledge-base of language teacher education[J]. *TESOL Quarterly*, 1998, 32(3): 397 – 417.

[66] Friesen, M.D. & Besley, S.C. Teacher identity development in the first year of teacher education: A developmental and social psychological perspective [J]. *Teaching and Teacher Education*, 2013, 36(6): 23 – 32.

[67] Fullan, M. The school as a learning organization: Distant dreams[J]. *Theory into Practice*, 1995, 34(4): 230 – 235.

[68] Fuller, F. & Brown, O. Becoming a teacher[A]. In K. Ryan (Ed.). *Teacher Education: Part II. Seventy-fourth yearbook of the National Society for the Study of Education*[C]. Chicago: University of Chicago Press, 1975: 25 – 52.

[69] Gal'Peri, P. An experimental study in the formation of mental actions[A]. In E. Stones (Ed.). *Readings in Educational Psychology*[C]. London: Methuen, 1970: 142 – 154.

[70] Garner, J. K. & Kaplan, A. A complex dynamic systems perspective on teacher learning and identity formation: an instrumental case[J]. *Teachers and Teaching: Theory and Practice*, 2019, 25(1): 7 – 33.

[71] Gass, S. M. & Mackey, A. *Data Elicitation for Second and Foreign Language Research*[M]. New York: Psychology Press, 2007.

[72] Geijsel, F. & Meijers, F. Identity learning: The core process of educational change[J]. *Educational Studies*, 2005, 31(4): 419 – 430.

[73] Giddens, A. *The Consequences of Modernity*[M]. Cambridge: Polity Press, 1991.

[74] Giddens, A. 现代性与自我认同：晚期现代中的自我与社会[M]. 夏璐,译. 北京：中国人民大学出版社, 2016.

[75] Gleason, P. Identifying identity: A semantic history[J]. *Journal of American History*, 1983, (69): 910 – 931.

[76] Goffman, E. The Interaction Order[J]. *American Sociological Review*, 1983, (48): 1 – 17.

[77] Goffman, E. 日常生活中的自我呈现[M]. 冯钢,译. 北京：北京大学出版社,2008.

[78] Golombek, P. & Jordan, S. R. Becoming 'lack lambs' not 'parrots': A poststructuralist orientation to intelligibility and identity[J]. *TESOL Quarterly*, 2005, (39): 513 – 533.

[79] Goodlad, J. *A Place Called School*[M]. New York: McGraw-Hill, 1984.

[80] Gourlay, L. New lecturers and the myth of 'communities of practice'[J]. *Studies in Continuing Education*, 2011, (33): 67 – 77.

[81] Grant, C. A. & Zeichner, K. M. On becoming a reflective teacher[A]. In C. A. Grant (Ed.). *Preparing for Reflective Teaching*[C]. Boston, MA: Allyn & Bacon, Inc., 1984: 1 – 18.

[82] Graves, K. The language curriculum: A social contextual perspective[J]. *Language Teaching*, 2008, (41): 147 – 181.

[83] Greene, M. *Releasing the Imagination*[M]. Sin Francisco: Jossey bass, 1995.

[84] Griffiths, M. & Tann, S. Using reflective practice to link personal and public theories[J]. *Journal of Education for Teaching*, 1992, 18(1): 69 – 84.

[85] Grimmett, P. P. The nature of reflection and Schön's conception in Perspective [A]. In P. P. Grimmett & G. L. Erickson (Eds.). *Reflection in Teacher Education*[C]. New York: Teachers College Press, 1988: 5 – 15.

［86］ Habermas, J. *The Theory of Communicative Action (Volume 2)—Lifeworld and System: A Critique of Functionalist Reason (translated by T. Mc Carthy, 1987)*［M］. Boston: Beacon Press, 1981.

［87］ Hallman, H. L. Teacher identity as a dialogic response［A］. In Y. L. Cheung, S. Ben Said & K. Park (Eds.) *Advances and Current Trends in Language Teacher Identity Research*［C］. New York: Routledge, 2015: 3–15.

［88］ Han, I. Conceptualisation of English teachers' professional identity and comprehension of its dynamics［J］. *Teachers and Teaching: Theory and Practice*, 2017, 23(5): 549–569.

［89］ Hardy, I. Critiquing teacher professional development: Teacher learning within the field of teachers' work［J］. *Critical Studies in Education*, 2010, 51(1): 71–84.

［90］ Hargreaves, A. *Changing Teachers, Changing Times: Teachers' Work and Culture in the Postmodern Age*［M］. New York: Teachers College Press, 1994.

［91］ Hargreaves, A. *Teaching in the Knowledge Society: Education in the Age of Insecurity*［M］. New York: Teachers College Press, 2003.

［92］ Harmsen, R., Helms-Lorenz, M., Maulana, R., & van Veen, K. The relationship between beginning teachers' stress causes, stress responses, teaching behaviour and attrition［J］. *Teachers and Teaching: Theory and Practice*, 2018, 24(6): 626–643.

［93］ Harnett. P. Life history and narrative research revisited［A］. In A. Bathmaker & P. Harnett (Eds.). *Exploring Learning, Identity and Power through Life History and Narrative Research*［C］. London & New York: Routledge, 2010: 159–170.

［94］ Heisey, D. R. International perspectives on cultural identity［J］. *The Review of Communication*, 2011, 11(1): 66–82.

［95］ Hewitt, J. An exploration of community in a knowledge forum classroom［A］. In S. Barab, R. Kling & J. H. Gray (Eds.). *Designing for Virtual Communities in the Service of Learning*［C］. New York: Cambridge University Press, 2004: 210–238.

［96］ Hong, J. Pre-service and beginning teachers' professional identity and its relation to dropping out of the profession［J］. *Teaching and Teacher Education*, 2010, (26): 1530–1543.

［97］ Hsu, J. English teacher values and identity in tertiary education in Japan［J］. *The Journal of Kanda University of International Studies*, 2009, (21): 385–399.

［98］ Huberman, M. Professional careers and professional development: some intersections［A］. In T. R. Guskey & M. Huberman (Eds.). *Professional Developmental in Education: New Paradigms and Practices*［C］. NY: Teachers college, Columbia University, 1995: 193 - 223.

［99］ Ignatieff, M. *The Needs of Strangers*［M］. London: Chatto and Windus, 1984.

［100］ Ingersoll, R., Merrill, L., & Stuckey, D. *Seven trends: The transformation of the teaching force. (CPRE Report. ♯ RR - 80)*［R］. Philidelphia, USA: Consortium for Policy Research in Education, University of Pennsylvannia, Updated April 2014.

［101］ Intrator, S. M. Beginning Teachers and the Emotional Drama of the Classroom［J］. *Journal of Teacher Education*, 2006, 57(3): 232 - 239.

［102］ Izard, C. E. *Human Emotions*［M］. New York: Plenum Press, 1977.

［103］ Jenkins, R. *Foundations of Sociology: Towards a Better Understanding of the Human World*［M］. Basingstoke: Palgrave Macmillan, 2002.

［104］ Jenkins, R. *Social Identity* (3rd ed.)［M］. London: Routledge, 2008.

［105］ Johnson, S. M. *Finders and Keepers: Helping New Teachers Survive and Thrive in our Schools*［M］. San Francisco: Jossey Bass, 2004.

［106］ Johnson, K. E. The social-cultural turn and its challenges for second language education［J］. *TESOL Quarterly*, 2006, 40(1): 235 - 257.

［107］ Johnson, K. E. *Second Language Teacher Education: A Sociocultural Perspective*［M］. New York: Routledge, 2009.

［108］ Johnson, K. E. & Golombek, P. R. *Research on Second Language Teacher Education: A Sociocultural Perspective on Professional Development*［M］. London: Routledge, 2011.

［109］ Johnson, B., et al. Promoting early career teacher resilience: a framework for understanding and acting［J］. *Teachers and Teaching: Theory and Practice*, 2014, 20(5): 530 - 546.

［110］ Joyce, B. & Showers, B. Low-cost arrangements for peer coaching［J］. *Journal of Staff Development*, 1987, (8): 22 - 24.

［111］ Kanno, Y. & C. Stuart. Learning to become a second language teacher: Identities-in-practice［J］. *The Modern Language Journal*, 2011, (95): 236 - 252.

［112］ Kaplan, A. & Garner, J. K. A complex dynamic systems approach on identity and its development: The dynamic systems model of role identity［J］. *Developmental Psychology*, 2017, (53): 2036 - 2051.

［113］ Kaplan, A. & Garner, J. K. Teacher identity and motivation: The dynamic systems model of role identity［A］. In P. Schutz., D. C. Francis. & J. Hong (Eds.) *Research in Teacher Identity: Mapping Challenges and Innovations*［C］. New York: Springer, 2018: 71 – 82.

［114］ Kasun, G. S. & Saavedra, C. M. Disrupting ELL teacher candidates' identities: Indigenizing teacher education in one study abroad program［J］. *TESOL Quarterly*, 2016, 50(3): 684 – 707.

［115］ Katz, L. G. Developmental stages of preschool teachers［J］. *Elementary School Journal*, 1972, 73(1): 50 – 54.

［116］ Kemmis, S. & Grundy, S. Educational research in Australia: Organization and practice［A］. In S. Hollingsworth (Ed.) *International Action Research: A Casebook for Educational Reform*［C］. Falmer: Taylor and Francis, 1997: 41 – 48.

［117］ Kim, J. H. *Understanding Narrative Inquiry*［M］. Los Angeles: Sages AGE Publications, 2016.

［118］ Knowles, J. G. Life-History Accounts as Mirrors: A Practical Avenue for the Conceptualization of Reflection in Teacher Education［A］. In J. Calderhead & P. Gates (Eds.). *Conceptualizing Reflection in Teacher Development*［C］. The Falmer Press: Taylor and Francis, 1993: 70 – 92.

［119］ Kwan, T. & Lopez-Real, F. Identity formation of teacher-mentors: An analysis of contrasting experiences using a Wengerian matrix framework［J］. *Teaching and Teacher Education*. 2010, 26(3): 722 – 731.

［120］ Lacey, C. *The Socilization of Teachers*［M］. London: Routledge, 1977.

［121］ Lantolf, J. P. *Sociocultural Theory and Second Language Learning*［M］. Oxford: Oxford University Press, 2000.

［122］ Lave, J. & Wenger, E. *Situated Learning: Legitimate Peripheral Participation*［M］. New York: Cambridge University Press, 1991.

［123］ Lecat, A., Beausaert, S. & Raemdonck, I. On the relation between teachers' (in)formal learning and innovative working behavior: The mediating role of employability［J］. *Vocations and Learning*, 2018, 11(3): 529 – 554.

［124］ Leont'ev, A. N. The problem of activity in psychology［A］. In Wertsch, J. V. (Ed.). *The Concept of Activity in Soviet Psychology*［C］. Armonk, NY: Sharpe, 1981a: 37 – 71.

［125］ Leont'ev, A. N. *Problems of the Development of the Mind*［M］. Moscow: Progress, 1981b.

[126] Lim, Hyun-Woo. Concept maps of Korean English student teachers' autobiographical reflections on their professional identity formation[J]. *Teaching and Teacher Education*, 2011, (27): 969-981.

[127] Litowitz, B. Deconstruction in the zone of proximal development. In E. A. Forman, N. Minick. & C. A. Stone (Eds.) *Contexts for Learning: Sociocultural Dynamics in Children's Development*. New York: Oxford University Press, 1993: 184-196.

[128] Locke, J. 教育漫话[M]. 徐大建,译. 上海: 上海人民出版社,2014.

[129] Long, N. N. & Huang, J. Exploring researcher identity construction of university English teachers in China [J]. *Chinese Journal of Applied Linguistics*, 2017, 40(4): 371-391.

[130] Lortie, D. C. *Schoolteacher: A Sociological Study* [M]. Chicago: The University of Chicago Press, 1975.

[131] Louis, K. S., Toole, J. & Hargreaves, A. Rethinking school improvement[A]. In J. Murphy & K. S. Louis (Eds.). *Handbook of Research on Educational Administration*[C]. San Francisco, CA: Jossey-Bass, 1999: 251-276.

[132] Löfström, E., et al. Supporting emerging teacher identities: can we identify teacher potential among students? [J]. *European journal of teacher education*, 2010, 33 (2): 167-184.

[133] Lu, Y. H. *Stories of teacher identity: A narrative inquiry into east Asian ESL teachers' lives*[D]. University of Maryland, PhD dissertation, 2005.

[134] Lucas, P. Reflection, new practices and the need for flexibility in supervising student-teachers[J]. *Journal of Further and Higher Education*, 1991, 15(2): 84-93.

[135] Lunenburg, F. C. & Ornstein, A. C. 教育管理学: 概念与实践(第5版)[M].朱志勇,郑磊,译.北京: 中国轻工业出版社,2013.

[136] Luft, J. *Of human interaction*[M]. New York: National Press Books, 1969.

[137] Maria, R. L. Struggling for a professional identity: Two newly qualified language teachers' identity narratives during the first years at work[J]. *Teaching and Teacher Education*, 2013, (30): 120-129.

[138] Maslow, A. H. *Motivation and Personality* [M]. New York: Harper & Row, 1954.

[139] Maxwell, J. A. *Qualitative Research Design: An Interactive Approach (3rd ed.)*[M]. Thousand Oaks, CA: Sage SAGE Publications, 2012.

[140] McAdams, D. P. *The Stories We Live by: Personal Myths and the Making of*

the Self[M]. New York: the Guilford Press，1993.

[141] McDiarmid，G. W. Challenging prospective teachers' beliefs during early field experience: A quixotic undertaking? [J]. *Journal of Teacher Education*，1990，41(3): 12 - 20.

[142] McIntyre，D. Theory，Theorizing and Reflection in Initial Teacher Education [A]. In J. Calderhead & P. Gates (Eds.). *Conceptualizing Reflection in Teacher Development*[C]. The Falmer Press: Taylor and Francis，1993: 39 - 52.

[143] McNally，J.，Blake，A. & Reid，A. The informal learning of new teachers in school[J]. *Journal of Workplace Learning*，2009，21 (4): 322 - 333.

[144] Mead，G. H. 心灵、自我与社会[M]. 赵月瑟译. 上海：上海译文出版社，2018.

[145] Measor，L. Critical incidents in the classroom: identities, choices and careers [A]. In S. J. Ball & I. Goodson (Eds.) *Teachers' Lives and Careers*[C]. Lewes: Falmer Press，1985: 61 - 77.

[146] Mezirow，J. Learning to think like an adult: Core concepts of transformation theory[A]. In J. Mezirow & Associates (Eds.). *Learning as Transformation: Critical Perspectives on a Theory in Progress*[C]. San Francisco: Jossey-Bass，2000: 3 - 33.

[147] Mitchell，C. & Sackney，L. Extend the learning community: A broader perspective embedded in policy [A]. In L. Stoll and K. S. Louis (Eds.). *Professional Learning Communities: Divergence，Depth and Dilemmas*[C]. Maidenhead: Open University Press/McGraw-Hill，2007: 30 - 44.

[148] Mitchell，C. & Sackney，L. *Profound Improvement: Building Capacity for a Learning Community*[M]. New York，NY: Routledge，2011.

[149] Morris，C. W. *Mind，Self and Society from the Standpoint of a Social Behaviorist* (*Works of George Herbert Mead，Vol. 1*)[M]. Chicago: University of Chicago Press，1967.

[150] Murray，D. E. & Christison，M. *What English language teachers need to know* (*Volume I*): *Understanding learning*[M]. New York，NY: Routledge，2011.

[151] Müller-Fohrbrodt，G.，Cloetta，B.，& Dann，H. D. *Der Praxisschock bei junger Lehrern*[M]. Stuttgart: Kle，1978.

[152] Newman，F.，Couturier，L. & Scurry，J. *The Future of Higher Education: Rhetoric，Reality，and the Risks of the Market* [M]. San Francisco，CA: Jossey-Bass，2004.

[153] Nias，J. Teaching and the self[A]. In M. L. Holly & C. S. McLoughlin (Eds.) *Perspective on Teacher Professional Development*[C]. London: Falmer Press，

1989：151－171.

[154] Noffke, S. E. & Brennan, M. *The dimensions of reflection: A conceptual and contextual analysis* [R]. A paper presented at the annual meeting of the American Educational Research Association, New Orleans, April, 1988.

[155] Norton, B. *Identity and Language Learning: Gender, Ethnicity and Educational Change*[M]. Harlow, England：Pearson Education, 2000.

[156] Norton, B. Language and identity[A]. In N. Hornberger. & S. McKay (Eds.). *Sociolinguistics and Language Education* [C]. Bristol, UK：Multilingual Matters, 2010：349－369.

[157] Norton, B. & Early, M. Researcher identity, narrative inquiry, and language teaching research[J]. *TESOL Quarterly*, 2011, (45)：415－439.

[158] OECD. *Preparing our Youth for an Inclusive and Sustainable World: The OECD PISA Global Competence Framework*[R]. Paris：OECD, 2018.

[159] Oja, S., et al. Communities of inquiry, communities of support[A]. In L. Valli (Ed.). *Reflective Teacher Education: Cases and Critiques*[C]. New York：Suny Press, 1992：3－21.

[160] Oprandy, R. Making personal connections to teaching[A]. In J. G. Gebhard & R. Oprandy (Eds.) *Language Teaching Awareness: A Guide to Exploring Beliefs and Practices*[C]. Cambridge, England：Cambridge University Press, 1999：122－146.

[161] Osuna, M. M. *Teacher Professional Development: An Activity Theory Perspective* [D]. State University of New York at Albany, PhD dissertation, 2003.

[162] Palmer, P. *The Courage to Teach: Exploring the Inner Landscape of a Teacher's Life*[M]. San Francisco, CA：Jossey-Bass Publishers, 1998.

[163] Pearson, M. & Smith, D. Debriefing in Experience-based Learning[A]. In D. Boud, R. Keogh & D. Walker (Eds.) *Reflection: Turning Experience into Learning*[C]. London：Kogan Page, 1985：69－84.

[164] Pennington, M. C. Teacher identity in TESOL：a frames perspective[A]. In Y. L. Cheung, S. Ben Said, & K. Park (Eds.). *Advances and Current Trends in Language Teacher Identity Research*[C]. New York：Routledge, 2015：16－30.

[165] Pennington, M. C. & Richards, J. C. Teacher Identity in Language Teaching：Integrating Personal, Contextual, and Professional Factors[J]. *Relc Journal*, 2016, 47(1)：1－19.

[166] Pillen, M. T., Brok, P. J. D. & Beijaard, D. Profiles and change in beginning

226

teachers' professional identity tensions[J]. *Teaching and Teacher Education*, 2013, (34): 86 - 97.

[167] Reves, T. & Medgyes, P. The non-native English speaking English/ES teacher's self image: An international survey[J]. *System*, 1994, 22 (3): 353 - 367.

[168] Richards, J. C. & Lockhart, C. *Reflective Teaching in Second Language Classrooms*[M]. Cambridge, UK: Cambridge University Press, 1994.

[169] Richards, J. C. Teacher identity in second language teacher education[A]. In G. Barkhuizen (Ed.) *Reflections on Language Teacher Identity Research*[C]. New York: Routledge, 2017: 139 - 144.

[170] Ricoeur, P. Life in Quest of Narrative[A]. In D. Wood (Ed.). *On Paul Ricoeur: Narrative and Interpretation*[C]. London: Routledge, 1991: 29 - 33.

[171] Rinke, C. R. Understanding teachers' careers: Linking professional life to professional path[J]. *Educational Research Review*, 2008, 3(1): 1 - 13.

[172] Rogoff, B. *Apprenticeship in Thinking: Cognitive Development in Social Context*[M]. New York: Oxford University Press, 1990.

[173] Roscoe, F. Teaching as a Profession[A]. In A. C. Benson(主编).辜涛(译).剑桥教育文选[C]. 北京: 社会科学文献出版社,2014: 140 - 163.

[174] Russell, T. Critical attributes of a reflective teacher: is agreement possible? [A]. In J. Calderhead & P. Gates (Eds.). *Conceptualizing Reflection in Teacher Development*[C]. The Falmer Press: Taylor and Francis, 1993: 144 - 153.

[175] Samuel, M. & Stephens, D. Critical dialogues with self: developing teacher identities and roles — a case study of South African student teachers[J]. *International Journal of Educational Research*, 2000, (33): 475 - 491.

[176] Schaefer, L. & Clandinin, D. J. Stories of sustaining: A narrative inquiry into the experiences of two beginning teachers[J]. *Learning Landscapes*, 2011, 4 (2): 275 - 295.

[177] Schaefer, L. *Shifting from Stories to Live By to Stories to Leave By: Conceptualizing Early Career Teacher Attrition as a Question of Shifting Identities*[D]. University of Alberta, PhD dissertation, 2012.

[178] Schaefer, L. & Clandinin, D. J. Sustaining teachers' stories to live by: implications for teacher education[J]. *Teachers and Teaching: Theory and Practice*, 2018, 24(8): 1 - 15.

[179] Schepens, A., Aelterman, A. & Vlerick, P. Student teachers' professional identity formation: between being born as a teacher and becoming one[J]. *Educational Studies*, 2009, 35(4): 361 - 378.

[180] Schön, D. A. *The Reflective Practitioner: How Professionals Think in Action* [M]. New York, Basic Books, 1983.

[181] Schön, D. A. Coaching reflective teaching[A]. In P. Grimmet. & G. L. Erickson (Eds.) *Reflection in Teacher Education* [C]. New York: Teachers College Press, 1988: 19 – 30.

[182] Scribner, J. P. Professional development: untangling the influence of work context on teacher learning[J]. *Educational Administration Quarterly*, 1999, 35(2): 238 – 266.

[183] Seidman, I. *Interviewing as Qualitative Research: A Guide for Researchers in Education and the Social Sciences* [M]. New York: Teachers College Press, 2013.

[184] Shulman, L. S. The dangers of dichotomous thinking in education[A]. In P. P. Grimmett & G. L. Erickson (Eds.) *Reflection in Teacher Education*[C]. New York: Teachers College Press, 1988: 31 – 38.

[185] Shulman, L. S. & Shulman, J. H. How and what teachers learn: a shifting perspective[J]. *Journal of Curriculum Studies*, 2004, (2): 257 – 271.

[186] Simon-Maeda, A. The complex construction of professional identities: Female English educators in Japan speak out[J]. *TESOL Quarterly*, 2004, (38): 405 – 436.

[187] Slavin, R. E. 教育心理学理论与实践(第 7 版)/培文书系心理学系列[M]. 北京: 北京大学出版社, 2004.

[188] Somekh, B. & Thaler, M. Contradictions of Management Theory, Organizational Cultures and the Self [A]. In S. Hollingsworth (Ed.) *International Action Research: A Casebook for Educational Reform* [C]. The Falmer Press: Taylor and Francis, 1997: 275 – 288.

[189] Spencer. P, et al. The professional development needs of early career teachers, and the extent to which they are met: a survey of teachers in England[J]. *Professional Development in Education*, 2017, 44(8): 1 – 14.

[190] Steadman, A., Kayi-Aydar, H. & Vogel, S. M. From college composition to ESL: negotiating professional identities, new understandings, and conflicting pedagogies[J]. *System*, 2018(76): 38 – 48.

[191] Steffy, B. E. *Life Cycle of the Career Teachers*[M]. California: Corwin Press, INC, 2000.

[192] Steffy, B. E., et al. 教师的职业生涯周期[M]. 杨秀玉、赵明玉, 译. 北京: 人民教育出版社, 2012.

[193] Strauss, A. L. & Corbin, J. M. *Basics of qualitative research: Techniques and procedures for developing grounded theory* [M]. Thousand Oaks, CA: Sage Publications, 1998.

[194] Stuart, D. & Thurlow, D. Making it their own: Preservice teachers' experiences, beliefs, and classroom practices [J]. *Journal of Teacher Education*, 2000, 51(2): 113 - 121.

[195] Takahashi, S. Co-constructing efficacy: A "communities of practice" perspective on teachers' efficacy beliefs[J]. *Teaching and Teacher Education*, 2011, (27): 732 - 741.

[196] Taylor, C. 自我的根源：现代认同的形成[M]. 韩震等,译. 南京：译林出版社,2001.

[197] Tharp, R. & Gallimore, R. *Rousing Minds to Life: Teaching, Learning, and Schooling in Social Context*[M]. New York: Cambridge University Press, 1988.

[198] Thomas, L. & Beauchamp, C. Understanding new teachers' professional identities through metaphor[J]. *Teaching and Teacher Education*, 2011, (27): 762 - 769.

[199] Titmuss, R. *The Gift Relationship: From Human Blood to Social Policy*[M]. Pantheon Books, 1971.

[200] Tönnies, F. Gemeinschaft und Gesellschaft, Leipzig: Fues's Verlag, 1887.

[201] Trust, T. Professional learning networks designed for teacher learning [J]. *Journal of Digital Learning in Teacher Education*, 2012, (28): 133 - 138.

[202] Tsui, A. Complexities of identity formation: A narrative inquiry of an English teacher[J]. *TESOL Quarterly*, 2007, (41): 657 - 680.

[203] Valsiner, J. *Developmental Psychology in the Soviet Union*[M]. Bloomington, IN: Indiana University Press, 1988.

[204] van Der Wal, M. M., et al. Impact of early career teachers' professional identity tensions[J]. *Teaching and Teacher Education*, 2019, (80): 59 - 70.

[205] van Manen, M. Linking ways of knowing with ways of being practical[J]. *Curriculum Inquiry*, 1977, 6(3): 205 - 228.

[206] van Manen, M. *Researching Lived Experience: Human Science for an Action Sensitive Pedagogy*[M]. Albany: State University of New York Press, 1990.

[207] van Manen, M. Pedagogy, virtue, and narrative identity in teaching [J]. *Curriculum Inquiry*, 1994, 24(2): 135 - 170.

[208] Veenman, S. Perceived problems of beginning teachers [J]. *Review of Educational Research*, 1984, 54(2): 143 - 178.

［209］Vygotsky, L. S. *Mental Development of Children during Education*［M］. Moscow-Leningrad：Uchpedzig, 1935.

［210］Vygotsky, L. S. *Mind in Society: The Development of Higher Psychological Processes*［M］. Cambridge, MA：Harvard University Press, 1978.

［211］Wallace, M. J. *Training Foreign Language Teachers: A REnglishective Approach*［M］. Cambridge：Cambridge University Press, 1991.

［212］Waller. L, Wethers, K. & Costa, P. I. D. A Critical Praxis：Narrowing the Gap Between Identity, Theory and Practice［J］. *TESOL Journal*, 2017, 8(1)：4 – 27.

［213］Watkins-Goffman. *Lives in Two Languages: An Exploration of Identity and Culture*［M］. Michigan：The University of Michigan Press, 2001.

［214］Wells, G. *Dialogic Inquiry: Toward a Sociocultural Practice and Theory of Education*［M］. 北京：外语教学与研究出版社，2010.

［215］Wenger, E. *Communities of Practice: Learning, Meaning and Identity*［M］. Cambridge：Cambridge University Press, 1998.

［216］Wood, D. J., Bruner, J. S. & Ross, G. The role of tutoring in problem solving. Journal of Child［J］. *Psychology and Psychiatry*, 1976, 17(2)：89 – 100.

［217］Xu, H. Imagined community falling apart：A case study on the transformation of professional identities of novice ESOL teachers in China［J］. *TESOL Quarterly*, 2012, (46)：568 – 578.

［218］Yarger, S. J., Howey, K. R. & Joyce, B. R. Improving Teacher Education［M］. Washington, DC：Association of Teacher Education, 1976.

［219］Ye, J. & Zhao, D. Developing different identity trajectories：lessons from the Chinese teachers［J］. *Teachers and Teaching: Theory and Practice*, 2019, 25 (1)：34 – 53.

［220］Yuan, R. & Burns, A. Teacher identity development through action research：a Chinese experience［J］. *Teachers and Teaching: Theory and Practice*, 2017, 23 (6)：729 – 749.

［221］Zeichner, K. M. & Liston, D. P. *Reflective Teaching: An introduction (Reflective Teaching and the Social Conditions of Schooling Series)*［M］. Mahwah, NJ：Lawrence Erlbaum Associates, 1996.

［222］Zeichner, K. M. & Liston, D. P. Teaching student teachers to reflect［J］. *Harvard Educational Review*, 1987, (57)：23 – 48.

［223］蔡辰梅.教师职业生活中的自我认同危机［M］.北京：中国社会科学出版社,2016.

［224］蔡朝辉.大学英语教师专业发展路径研究［D］.上海外国语大学博士学位论文,2016.

［225］陈桦,王海啸.大学英语教师科研观的调查与分析［J］.外语与外语教学,2013,
　　　　（3）：25－29.

［226］陈宏志,王雪梅.基于需求分析探索我国英语专业研究生培养［J］.外语界,2013,
　　　　（2）：11－16＋23.

［227］陈文强.核心素养与学校变革［M］.厦门：厦门大学出版社,2016.

［228］陈向明.质性研究方法与社会科学研究［M］.北京：教育科学出版社,2000.

［229］陈向明.教师如何做质的研究［M］.北京：教育科学出版社,2001.

［230］陈向明.从教师"专业发展"到教师"专业学习"［J］.教育发展研究,2013,33(8)：
　　　　1－7.

［231］丁钢.声音与经验：教育叙事探究［M］.北京：教育科学出版社,2008.

［232］范琳,杨杰瑛.高校英语教师职业倦怠及应对策略探究——基于教师专业发展的
　　　　视角［J］.外语教学,2015,36(3)：44－49.

［233］高强.高校外籍英语教师职业认同个案研究［J］.中国外语教育,2016,（2）：70－
　　　　76＋89.

［234］耿菲.基于课堂教学的大学英语新手教师的身份建构研究［J］.外语与外语教学,
　　　　2014,（6）：20－24＋43.

［235］龚少英,李冬季,赵飞.情绪工作策略对教师职业心理健康的影响：职业认同的调
　　　　节作用［J］.教育研究与实验,2016,（4）：92－96.

［236］顾佩娅.中国高校英语教师专业发展环境研究［M］.北京：外语教学与研究出版
　　　　社,2017.

［237］顾佩娅,许悦婷,古海波.高校英语教师专业发展环境叙事问卷的设计与初步应用
　　　　［J］.中国外语,2013,10(6)：88－95.

［238］郭芳.教师哲学思想研究［M］.北京：北京师范大学出版社,2017.

［239］何声钟.地方高校英语师范生身份认同调查与分析［J］.教师教育研究,2017,29
　　　　（2）：25－29.

［240］洪早清.教师专业成长：认同、养成、生发［J］.课程·教材·教法,2013,（12）：
　　　　99－105.

［241］胡萍萍,陈坚林.高校英语教师学术阅读的质性调查研究：阅读观念、策略与困难
　　　　［J］.外语界,2014,（1）：71－78.

［242］胡毅丽.教学科研型大学英语教师身份认同的叙事研究［J］.高等教育研究,2015,
　　　　（4）：46－49.

［243］黄广芳.走出我的象牙塔：我国英语教师职初教学生活现象学研究［M］.北京：外
　　　　语教学与研究出版社,2016.

［244］黄源深.英语教师的语言基本功：一个亟待引起重视的问题——英语教学谈之四
　　　　［J］.外语界,2014,（1）：35－39.

[245] 惠宇.新世纪汉英大词典[Z].北京：外语教学与研究出版社,2004.

[246] 贾爱武.外语教师专业标准研究[M].北京：中国书籍出版社,2014.

[247] 蒋玉梅.大学英语女教师的职业生涯发展研究[D].南京大学博士学位论文,2011.

[248] 焦瑞超,李晔,袁晶,龚少英.教师的内隐职业认同与外显职业认同比较[J].教师教育研究,2015,(1)：39-44+59.

[249] 康艳,程晓堂.从新手英语教师的课堂教学看师范毕业生的专业发展[J].山东外语教学,2013,(1)：52-59.

[250] 李茂森.教师身份认同研究[M].北京：北京师范大学出版社,2014.

[251] 李荣山.共同体的命运——从赫尔德到当代的变局[J].社会学研究,2015,(1)：215-241+246.

[252] 李志坤.中学英语教师文化身份认同困境的成因与对策[J].教师教育论坛,2018,31(8)：43-45.

[253] 廖旭梅.以学习共同体模式促进大学生自主学习——基于文华学院学习指导工作坊的探索[J].中国高教研究,2017,(1)：91-94.

[254] 刘放桐.杜威哲学的现代意义[M].上海：复旦大学出版社,2017.

[255] 刘富华.大学英语教师英语语言能力实证研究[J].内蒙古师范大学学报(教育科学版),2017,30(12)：82-85.

[256] 刘浩,庞丹.杜威的科学技术"探究"思想解析[J].东北大学学报(社会科学版),2016,(1)：18-22.

[257] 刘辉.认同型组织：个人和社会的连接[M].北京：知识产权出版社,2013.

[258] 刘清堂,朱珂.数字化学习资源与活动整合应用研究[M].武汉：华中师范大学出版社,2015.

[259] 刘润清,戴曼纯.中国外语教学改革现状与发展策略研究[M].北京：外语教学与研究出版社,2003.

[260] 刘雨.外语教师的身份认同研究———一项基于黑龙江省5所高校的个案调查报告[J].外语学刊,2014,(6)：132-135.

[261] 刘子曦.故事与讲故事：叙事社会学何以可能——兼谈如何讲述中国故事[J].社会学研究,2018,33(2)：164-188+245.

[262] 刘熠.叙事视角下的大学公共英语教师职业认同建构研究[M].北京：外语教学与研究出版社,2011.

[263] 刘熠.叙事视角下的外语教师专业认同研究综述[J].外语与外语教学,2012,(1)：11-15.

[264] 卢军坪,张莲.大学英语教师身份转型中的矛盾与冲突分析：活动理论视角[J].外语界,2021,(4)：62-70.

[265] 马克思.马克思恩格斯选集：第1卷(第3版)[M].北京：人民出版社,2012.

[266] 马红宇,蔡宇轩,唐汉瑛,等.师范生教师职业认同的内在结构与特点[J].教师教育研究,2013,(1)：49-54.

[267] 梅勇,申云化.海外进修经历对青年大学英语教师学术认同的影响：一项质性研究[J].北京第二外国语学院学报,2018,40(3)：108-121.

[268] 潘文国.论翻译专业的中文课程和教材建设[J].东方翻译,2013,(3)：9-12.

[269] 彭云.重要他人：教师专业发展的促进者[J].当代教育科学,2012,(15)：20-22.

[270] 亓明俊,王雪梅.学习共同体视域下的大学英语新手教师专业认同：内涵、模型与路径[J].外语界,2017,(6)：70-78.

[271] 亓明俊,王雪梅.活动理论视角下外语教师网络学习共同体的构建[J].天津师范大学学报(基础教育版),2018,19(3)：12-18.

[272] 石卉,杨翠娥.苗族英语教师身份认同危机与消解[J].贵州民族研究,2017,38(2)：205-210.

[273] 束定芳.大学英语教学大赛与教师发展——第二届"外教社杯"全国大学英语教学大赛评审手记[J].外语界,2012,(3)：34-41.

[274] 束定芳.对接国家发展战略　培养国际化人才——新形势下大学英语教学改革与重新定位思考[J].外语学刊,2013,(6)：90-96.

[275] 司治国,杨卉,王陆.英语新手教师教学行为监控与分析的实证研究[J].中国电化教育,2012,(10)：66-69.

[276] 宋萑,张文霄.教师专业认同：从专业角色走向身份认同[J].全球教育展望,2012,(3)：56-62.

[277] 苏大鹏.高校教师职业认同的结构与量表编制研究——以外语类院校教师为例[J].高教学刊,2016,(10)：1-4.

[278] 孙钦美,郑新民.共同体视域下高校英语教师个性化学习的个案研究[J].外语界,2015,(5)：88-96.

[279] 孙晓慧,罗少茜.高等院校英语专业免费教育师范生身份认同叙事探究[J].中国外语教育,2017,10(4)：55-61+88.

[280] 唐进.大学英语教师职业认同量表编制[J].外语界,2013,(4)：63-72.

[281] 唐进.我国大学英语教师职业认同现状调查与研究[J].中国外语教育,2015,(3)：45-53+108.

[282] 唐进."指派的我"与"真实的我"——大学英语新手教师专业认同研究[J].山东外语教学,2017,(1)：38-47.

[283] 童成寿.高校外语教师专业认同水平与特点研究[J].集美大学学报(教育科学版),2014,(4)：25-29.

[284] 童成寿.外语教师心理学[M].北京：对外经济贸易出版社,2016.

[285] 王海啸.大学英语教师与教学情况调查分析[J].外语界,2009,(4)：6-13.

[286] 王平.以实践共同体模式指导教师专业发展：一项对中国外语教师的个案研究[M].上海：上海外语教育出版社,2013.

[287] 王守仁.加强师资队伍建设,提高教师教学能力[J].外语界,2010,(5)：9-10.

[288] 王守仁.在构建大学英语课程体系过程中建设教师队伍[J].外语界,2012,(4)：2-5.

[289] 王守仁.坚持科学的大学英语教学改革观[J].外语界,2013,(6)：9-13＋22.

[290] 王守仁.高校外语教师发展的促进方式与途径[J].外语教学理论与实践,2017,(2)：1-4＋15.

[291] 王守仁,王海啸.我国高校大学英语教学现状调查及大学英语教学改革与发展方向[J].中国外语,2011,8(5)：4-11＋17.

[292] 王雪梅.英语专业研究生学术能力的认知情感阐释与多维发展研究[M].上海：上海外语教育出版社,2009.

[293] 王雪梅.我国外语学科研究生学术能力发展：问题与对策[M].上海：华东师范大学出版社,2013.

[294] 王瑛宇,袁妮娅.基于群聊语料的大学英语教师身份建构话语手段研究——意义亲和视角[J].语言学研究,2017,(2)：147-160.

[295] 魏淑华,宋广文,张大均.我国中小学教师职业认同的结构与量表[J].教师教育研究,2013,(1)：55-60＋75.

[296] 温军超.身份认同视角下的小学英语教师叙事研究[J].教育与教学研究,2012,26(2)：10-12＋42.

[297] 文灵玲.中国大学英语教师专业身份研究[D].华中科技大学博士论文,2015.

[298] 文秋芳.大学英语教学中通用英语与专用英语之争：问题与对策[J].外语与外语教学,2014,(1)：1-8.

[299] 文秋芳,张虹.倾听来自高校青年英语教师的心声：一项质性研究[J].外语教学,2017,(1)：67-72.

[300] 吴书芳.大学英语教师自主性差异研究——以新手教师与熟手教师为例[J].外语教学,2011,(6)：70-73.

[301] 吴一安.外语教师专业发展研究[J].外语研究,2008,(3)：29-38.

[302] 夏纪梅.大学英语教师的外语教育观念、知识、能力、科研现状与进修情况调查报告[J].外语界,2002,(5)：35-41.

[303] 夏纪梅.新时期大学英语教师发展的难点与出路[J].外语教学理论与实践,2012,(2)：6-8.

[304] 谢佩纭,邹为诚.英语新手教师实践性知识的叙事研究——基于三次重复性教学的学习经历[J].外语研究,2015,(4)：57-62＋112.

[305] 谢倩.外语教育政策国际比较研究[M].武汉：华中科技大学出版社,2013.

[306] 徐斌.我国英语教师身份认同建构研究[D].上海外国语大学,2018.

[307] 徐陶.杜威探究型哲学思想研究[M].北京：社会科学文献出版社,2016.

[308] 寻阳.我国高中英语教师身份认同研究[D].上海外国语大学,2012.

[309] 寻阳,郑新民.十年来中外外语教师身份认同研究述评[J].现代外语,2014,37(1)：118-126+147.

[310] 寻阳,孙丽,彭芳.我国外语教师身份认同量表的编制与检验[J].山东外语教学,2014,(5)：61-67.

[311] 寻阳.我国中学外语教师身份认同研究[M].北京：新华出版社,2016.

[312] 杨春红.适应与发展：高校海归英语教师专业身份认同研究[D].上海外国语大学博士论文,2017.

[313] 杨鲁新,王素娥,常海潮,盛静.应用语言学中的质性研究与分析[M].北京：外语教学与研究出版社,2012.

[314] 叶菊艳.教师身份构建的历史社会学考察[M].北京：北京师范大学出版社,2017.

[315] 于兰.初任期外语教师的教学问题研究：生存关注[J].外语与外语教学,2007,(7)：32-35.

[316] 于丽娟.新手型教师和专家型教师英语课堂反馈对比研究[J].佳木斯职业学院学报,2015,(8)：267.

[317] 余思家,王坚,朱晓玲.江西高校英语师范生职业认同、自我效能和社会支持现状及关系研究[J].南昌师范学院学报,2018,39(4)：130-135+140.

[318] 翟艳,张英梅.教师专业认同的现实反思与建构发展[J].当代教育科学,2013,(14)：26-28.

[319] 张培蓓.工科大学英语教师身份认同现状及影响因素[J].教育现代化,2018,5(39)：119-121.

[320] 张凤娟,杨鲁新.教师研究的社会文化视角[A].徐浩.外语教师教育重点问题研究[C].北京：外语教学与研究出版社,2016：242-259.

[321] 张立迎.普通高等学校教师心理契约作用机制的实证研究[M].哈尔滨：黑龙江大学出版社,2012.

[322] 张莲.高校外语教师专业发展的制约因素及对策：一项个案调查报告[J].中国外语,2013,(1)：81-88,102.

[323] 张莲.外/二语教师专业身份认同叙事研究：概念、理论与问题[J].中国外语教育,2016,(4)：76-83.

[324] 张释元,陈向明,邱霞燕.师范实习生教师专业身份建构[J].教师教育研究,2015,(4)：74-79.

[325] 张寿松.特级教师与普通教师职业认同的比较研究[J].教育理论与实践,2011,(11)：34-36.

［326］张炜,万小朋,张军,牟蕾.高等教育强国视角下的学习共同体构建[J].中国高教研究,2017,(2):1-3.

［327］张小君,张莎,田彩霞.英语师范生想象认同理论框架及实证调查[J].基础外语教育,2018,20,(3):19-27+108.

［328］张志泉.教师专业发展研究的现状及可探空间探析[J].中小学教师培训,2008,(5):6-8.

［329］钟启泉.教师研修:新格局与新挑战[J].教育发展研究,2013,(12):20-25.

［330］周淑卿.课程发展与教师专业[M].北京:九州出版社,2006.

［331］周淑卿.呼唤故事里的力量:教师的发声与实践[J].教育学术月刊,2010,(12):27-31.

［332］庄家炽.参照群体理论评述[J].社会发展研究,2016,3(3):184-197+245-246.

索 引
INDEX